Gwil Bril a'r Robot

Siân Lewis

Lluniau Jane Griffiths-Jones

Gomer

Argraffiad cyntaf – 2006

ISBN 1 84323 554 4
ISBN-13 9781843235545

ⓑ y testun: Siân Lewis ©
ⓑ y lluniau: Jane Griffiths-Jones ©

Mae Siân Lewis wedi datgan ei hawl dan
Ddeddf Hawlfraint, Dyluniadau a Phatentau 1988
i gael ei chydnabod fel awdur y llyfr hwn.

Cedwir pob hawl. Ni chaniateir atgynhyrchu unrhyw ran o'r cyhoeddiad hwn na'i gadw mewn cyfundrefn adferadwy na'i drosglwyddo mewn unrhyw ddull na thrwy unrhyw gyfrwng, electronig, electrostatig, tâp magnetig, mecanyddol, ffotogopïo, recordio nac fel arall, heb ganiatâd ymlaen llaw gan y cyhoeddwyr, Gwasg Gomer, Llandysul, Ceredigion.

Dymuna'r cyhoeddwyr gydnabod cymorth
Adrannau Cyngor Llyfrau Cymru.

Argraffwyd gan
Wasg Gomer, Llandysul, Ceredigion SA44 4JL

Pennod 1

Un nos Fercher ar ddechrau mis Medi camodd Gwilym Puw, 10 oed, drwy ddrws cefn ei gartref. Safodd am foment ar garreg y drws a syllu i'r awyr. Ymhell bell uwch ei ben roedd smotyn bach yn gwibio tua'r gogledd, gan adael cynffon wen o'i ôl. Gwenodd Gwilym yn gyffrous a cherdded tuag at ei sied.

Sied bren oedd sied Gwilym. Roedd hi'n edrych fel sied ardd gyffredin. Petai dieithryn yn agor y drws, byddai'n disgwyl gweld pentwr o hen botiau blodau, rhaca, fforch, pâr o welingtons, gwe corynnod a llwch dros bob man. Ond, na. Roedd sied Gwilym yn daclus ac yn sgleinio. O flaen y ffenest roedd desg fawr a chadair yn troi. Ar y waliau o gwmpas roedd rhesi o silffoedd yn llawn o ffeiliau a bocsys wedi eu trefnu'n dwt. Nid sied gyffredin oedd hon. Labordy oedd hi. Roedd Gwilym Puw'n ddyfeisiwr ac yn y sied hon roedd e'n gwneud ei waith.

Cyn mynd i mewn i'r sied y noson honno ym mis Medi, glynodd Gwilym y rhybudd DIM MYNEDIAD O GWBL! ar y drws. Roedd ganddo dasg bwysig a manwl iawn o'i flaen a doedd e ddim am i neb dorri ar ei draws. Daeth sŵn 'Miaaaaaw' hir o'r tu mewn i'r sied wrth i Gwilym gau'r drws a chau'r llenni. Yna fe ystwythodd ei fysedd am eiliad neu ddwy cyn gafael mewn sgriwdreifer a chamu at ei ddesg.

Yr ochr draw i'r lôn gefn roedd Sioned Betts, 10 oed, yn gwneud ei gwaith cartref. Roedd hi'n sgrifennu cerdd o'r enw 'Fy hoff bethau'.

Roedd hi newydd orffen sgrifennu'r pennill cyntaf.

'Mam,' meddai. 'Gwrandwch ar hon.'

Dododd Mrs Anita Betts ei chwpan coffi ar y ford fach a phwyso'n ôl yn ei chadair. Roedd hi wrth ei bodd yn gwrando ar benillion ei merch. Roedden nhw bob amser mor annwyl ac mor hyfryd.

Pesychodd Sioned.

'"Fy Hoff Bethau" yw'r teitl,' meddai.

Nodiodd Anita Betts gyda gwên ddisgwylgar ar ei hwyneb. Roedd hi'n gwybod beth oedd hoff bethau Sioned. Roedd Sioned yn hoffi barddoniaeth ac roedd hi'n hoffi anifeiliaid. Rhyw ddydd roedd hi am fod yn fardd ac yn fet. Caeodd Anita Betts ei llygaid er mwyn canolbwyntio ar y geiriau.

Pesychodd Sioned eto. Cododd ar ei thraed, sefyll wrth y ffenest a darllen yn uchel:

Fy Hoff Bethau.
Dwi'n hoffi'r pilipala cain
A'r neidr bedair llath.
Dwi'n hoffi'r arth sy'n byw ar iAAAAAAA!
'Co Gwil yn lladd y gath!

Tasgodd llygaid Anita Betts ar agor mewn syndod a braw. Beth ddwedodd Sioned? Rhywbeth am ladd cath? Ond roedd hi'n dwlu ar gathod, yn enwedig ei chath lwyd, Wisgerina.

Roedd Sioned wedi rhuthro o'r stafell gan adael ei phennill yn chwyrlïo drwy'r awyr. Daliodd Anita Betts y darn papur a'i ddarllen ar frys.

Fy Hoff Bethau.
Dwi'n hoffi'r pilipala cain
A'r neidr bedair llath.
Dwi'n hoffi'r arth sy'n byw ar iâ,
Ond gwell gen i fy nghath.

'Whiw!' Fflapiodd Anita'i llaw o flaen ei hwyneb coch. Rhaid ei bod hi wedi cysgu am eiliad a dychmygu bod Sioned wedi sôn am ladd cath. Ble oedd Sioned, ta beth? Clywodd Anita glec y gât a gwelodd ei merch yn rhedeg tuag at ardd Gwilym Puw a'i gwallt coch yn sboncio ar ei phen. 'O, mae'r ferch 'na'n symud yn rhy gyflym i fi,' meddai wrthi'i hun. 'Be sy'n bod arni, tybed?'

Petai Anita wedi edrych tuag at sied Gwilym, fe fyddai hi wedi deall ar unwaith beth oedd yn bod – a falle byddai hithau wedi dechrau rhedeg. Ond wnaeth Anita Betts ddim edrych, dim ond suddo'n ôl i'w chadair a gafael yn ei chwpan coffi.

Pennod 2

Yn ei sied, roedd Gwilym Puw'n gweithio'n galed. Roedd e'n gweithio mor galed, chlywodd e mo'r sŵn traed ar y llwybr. Chlywodd e ddim byd o gwbl nes i ddrws y sied gael ei hyrddio ar agor gyda chlec anferthol. Crynodd y sied o'r top i'r gwaelod. Ysgydwodd y silffoedd yn wyllt, a'r eiliad nesaf roedd Gwilym yn gorwedd yn ei hyd ar lawr o dan gawod drom o focsys a ffeiliau.

O ganol y gawod focsys daeth sgrech: 'Ngiaaaa!' Roedd creadur cysglyd du a gwyn newydd lithro oddi ar silff dop y sied a disgyn ar ben twmpath o wallt coch cyrliog

'W!' gwichiodd perchennog y gwallt.

'Sioned!' rhuodd Gwilym gan symud y bocs oedd yn gorwedd ar ei wyneb.

'Ngiaaaa . . . Miaw!' meddai'r creadur du a gwyn gan roi naid o ben Sioned i gadair swyddfa Gwilym.

Trodd y gadair yn ara bach. Bob tro roedd hi'n troi roedd dwy lygad werdd yn syllu'n gas ar Sioned.

'Capten Cadi!' gwaeddodd Sioned. Cath Gwilym oedd Capten Cadi. Neidiodd Sioned ati a'i chodi fel babi.

'NGR . . . SSS!' Chwyrnodd y gath a hisian yn ffyrnig. Roedd hi'n casáu cael ei thrin fel babi. Gyda chic a stranc dihangodd o afael Sioned, neidio'n ôl i'r silff dop ac eistedd yno i lyfu'i choes.

'Mae hi'n iawn!' meddai Sioned yn syn. 'Mae Capten Cadi'n iawn!'

'Ydy, drwy lwc!' meddai Gwilym gan godi ar ei eistedd ac ysgwyd llond bocs o fandiau lastig o'i wallt. 'Ond dyw fy sied i ddim yn iawn, yw hi? Rwyt ti wedi'i difetha hi.' Roedd e mor grac, roedd ei lais yn crynu. 'Pam wnest ti ruthro i mewn fel'na? Wnest ti ddim darllen y rhybudd ar y drws?'

'Rhybudd, wir!' snwffiodd Sioned gan symud tuag at y ddesg â'i llygaid ar dân. 'Dyw rhybudd ddim yn mynd i fy stopio i rhag achub y gath fach 'na. Fe weles i ti'n ymosod arni gyda sgriwdreifer. Ble mae hi . . ?' Yn sydyn aeth wyneb Sioned yn binc. Roedd hi newydd weld beth oedd yn gorwedd ar y ddesg.

'O-o!'

Ar y ddesg roedd cath robot.

Roedd y gath robot yn gorwedd ar ei chefn. Yn ei bol roedd drws bach. Roedd y drws ar agor ac roedd dryswch o weiars yn y golwg. Edrychodd Sioned yn gam ar Gwilym.

'Newydd brynu'r gath yna ydw i,' meddai Gwilym yn llym. 'Dwi wedi bod yn edrych y tu mewn iddi i weld sut mae robots yn gweithio. Paid ti â'i chyffwrdd!'

'Wna i ddim,' meddai Sioned gan symud gam yn nes at y ddesg.

'Paid!' Roedd Gwilym yn gwybod pa mor fusneslyd oedd Sioned. Symudodd yn gyflym i'w rhwystro, ond llithrodd ei droed ar becyn o sbrings ac i lawr ag e'n bendramwnwgl gan lanio'n drwm ar focs rheoli'r gath robot. Ar unwaith atseiniodd sŵn erchyll uwch ei ben. 'RRRRRRAAAAWIIIIIIA . . . A . . . A!'

'O, Gwil!' gwichiodd Sioned gan daflu'i hun i gornel bella'r sied.

Roedd y gath robot wedi deffro! Roedd hi wedi sboncio ar ei thraed a'i llygaid yn fflachio!

'RRRRAAAAAWIIIIIA . . . A . . . A!'

Gydag un naid enfawr dyma hi'n sboncio i'r llawr. I ffwrdd â hi fel torpedo drwy'r drws agored ac i lawr llwybr yr ardd.

Yn yr ardd roedd mam Gwilym yn torri pennau rhosynnau oedd wedi gwywo.

'Mam!' sgrechiodd Gwilym.

Trodd Mam a neidio allan o'r ffordd gan wichian mewn braw. Taranodd y gath robot heibio iddi gyda golwg filain yn ei llygaid a sŵn dychrynllyd yn dod o'i chrombil.

'RRRRAAAAAWIIIIIA . . . A . . . A!'

'O!' Baglodd Mam yn ei hôl a disgyn ar ei heistedd ar ben y rhes datws.

'Mae'r gath 'na'n beryglus. Rhaid i ni ei stopio hi cyn iddi wneud niwed i rywun!' llefodd Sioned gan gipio'r bocs rheoli oddi ar y llawr.

'PAID!' gwaeddodd Gwilym.

Rhy hwyr! Roedd Sioned wedi troi'r swits ar y bocs rheoli i STOP. Ond yn lle stopio dechreuodd y gath sboncio fel broga enfawr gan agor a chau ei cheg a chlecian ei dannedd.

'Dwi wedi bod yn arbrofi ar y gath, felly dyw'r bocs rheoli ddim yn gweithio'n union fel oedd e!' llefodd Gwilym. Tynnodd y bocs o law Sioned a dechrau rhedeg nerth ei draed i lawr y llwybr.

Erbyn hyn roedd y gath wedi neidio'n grwn dros y gât. Roedd hi yn y lôn gefn ac yn symud yn gyflym. Beth os byddai hi'n cnoi rhywun, neu'n sboncio drwy ffenest un o'r tai? Roedd chwys yn rhedeg i lawr wyneb Gwilym wrth feddwl am y llanast allai ddigwydd.

'S.O.S! S.O.S!' gwaeddodd. 'Cuddiwch, bawb. Mae 'na robot gwyllt ar y lôn!'

Yn y gerddi ar hyd y lôn gwenodd y cymdogion i gyd a dal ati i chwarae pêl neu roi dŵr i'r blodau neu gasglu dillad oddi ar y lein.

'O, Gwilym Puw sy 'na,' medden nhw. 'Un doniol yw Gwil. Fe a'i robotiaid.'

A chymerodd neb sylw o'r gath ryfedd oedd yn sboncio – BOING! BOING! BOING! – ar hyd y lôn gyda gwreichion yn tasgu o'i llygaid a'i chynffon.

'O na!' meddai Sioned. 'Mae hi'n mynd i gyfeiriad y ffordd fawr.'

Taflodd Gwilym y bocs rheoli i'r clawdd er mwyn rhedeg yn gynt ac yn gynt. 'Help! Help!' gwaeddodd mewn llais llawn panig. 'Stopiwch y gath cyn i ddamwain ddigwydd. Help! Help!'

Ar hyn dyma rywun yn dod i'r golwg ym mhen draw'r lôn. Neidiodd y gath robot yn syth amdano.

'Mae'r gath yn mynd i'w gnoi e!' sgrechiodd Sioned.

Ond: 'WE-HEI!' gwaeddodd llais. Ac yna . . .

BIFF!

WHIIII!

Hedfanodd y gath robot yn ôl tuag atyn nhw. Taflodd Gwilym a Sioned eu hunain i'r clawdd. Yng ngardd gefn Sioned neidiodd Wisgerina'r gath lwyd ddau fetr i'r awyr a sgrialu i ben y goeden geirios wrth i'r bwndel o fetel wibio tuag ati. BANG!

CLEC! Trawodd y gath robot fôn y goeden geirios a disgyn yn llonydd i'r llawr. Â'i chynffon yn chwifio, gwyliodd Wisgerina hi'n ofalus. Byddai wedi mynd i lawr i'w sniffian oni bai bod Tristan, brawd Gwilym, yn cerdded tuag ati a'i fat criced ar ei ysgwydd.

'Waw! Be oedd y bwystfil 'na driodd ymosod arna i?' gofynnodd.

'Cath robot,' meddai Gwilym.

'Cath robot?' Syllodd Tristan ar y bwndel o fetel oedd yn gorwedd yng ngardd y teulu Betts. 'Waw! Dyna'r tro cynta i fi sgorio chwech gyda robot,' meddai gan godi'i fat criced a phwnio'r awyr.

Pennod 3

Aeth Gwilym i nôl y gath robot. Roedd ei phen ar dro, ei chynffon ac un bawen wedi diflannu ac roedd tolc mawr yn ei hochr lle roedd Tristan wedi'i bwrw hi â'r bat.

Roedd y gath wedi costio tri mis o arian poced i Gwilym, ond nid dyna beth oedd yn ei boeni fwyaf wrth gerdded yn grynedig yn ôl i'r ardd. Roedd e'n poeni am ei fam ac yn poeni am ei sied.

Drwy lwc, roedd Mam yn iawn. Roedd hi wedi hen arfer â dyfeisiadau od Gwilym a doedd hi ddim wedi cael niwed o gwbl wrth ddisgyn ar ben y rhes datws. Fe chwifiodd arno'n llon wrth frysio i'r tŷ i ateb cloch y drws ffrynt.

Ond druan â'r sied! Safodd Gwilym yn stond wrth y drws a syllu mewn braw ar y llanast y tu mewn.

'Fe helpa i ti i dacluso,' meddai llais bach yn ei glust.

'Na!' chwyrnodd Gwilym. 'Cer adre, Sioned Betts.'

'Ond . . .'

'Cer adre!'

Dododd Gwilym y gath robot ar y llawr o flaen y sied a phwyntio at y gât.

Agorodd Sioned ei cheg. 'Mae'n ddrwg 'da fi . . .'

'Cer!'

Nodiodd Sioned yn wylaidd ac i ffwrdd â hi â'i phen yn ei phlu. Arhosodd Gwilym nes ei bod hi o'r golwg, yna fe estynnodd am yr hysbysfwrdd oedd yn gorwedd ar ben y llanast yn y sied.

Fel arfer roedd yr hysbysfwrdd yn hongian ar y wal o flaen ei ddesg. Arno roedd rhestr bwysig iawn, sef rhestr o ddyfeisiadau Gwilym Puw. Roedd y rhai â'r tic yn eu hymyl wedi eu dyfeisio'n barod, a'r lleill yn syniadau ar gyfer y dyfodol.

WISHGITIWR ✔
(Peiriant i ddychryn cathod dieithr o ardd Mam)

PWS-SOFFA ✔
(Tegan sy'n rhoi hwyl i gath ac ar yr un pryd yn ei stopio rhag crafu'r soffa a'r cadeiriau)

BWMERANG-BÊL
(Pêl sy'n sboncio'n ôl atoch heb i chi orfod mynd i chwilio amdani)

BEIC-CANGARŴ
(Beic wedi ei wneud o rwber sy'n gallu sboncio dros waliau)

Cydiodd Gwilym mewn beiro oedd wedi rholio drwy'r drws, ac ychwanegodd un ddyfais arall at y rhestr.

'Dylwn i wedi fod wedi gwneud hwn fisoedd yn ôl,' meddai wrth Capten Cadi oedd wedi disgyn o'i silff ac yn sglefrio dros y ffeiliau. 'Edrych.'

'Prrrrrrr,' meddai Capten Cadi.

Ar waelod y rhestr roedd y geiriau:

SHW-SIONED
(Teclyn i stopio Sioned Betts rhag dod drwy'r gât gefn)

Roedd Gwilym wedi gweithio allan sut i wneud y Shw-Sioned ers tro. Ar ei gyfer roedd angen batris, swits, weiren a recordiad casét o Wisgerina'r gath yn sgrechian. (Roedd hi'n sgrechian byth a hefyd. Cath sgrechlyd oedd hi, yn wahanol iawn i Capten Cadi.) Ar y llawr o flaen y gât byddai'n gosod mat bach arbennig gyda swits oddi tano a gwifren yn cysylltu'r swits â batri a pheiriant casét. Wrth i Sioned sefyll ar y swits byddai recordiad o sgrech Wisgerina'n dod o'r clawdd gyferbyn. Nawr er bod Wisgerina'n greadur sur, main a thywyll fel bol buwch, roedd Sioned yn meddwl y byd ohoni. Fyddai hi byth yn gadael i Wisgerina fach sgrechian yn y clawdd. Byddai hi'n rhedeg yn ôl i chwilio amdani. Bob tro y byddai hi'n trio dod drwy gât gefn Gwilym, byddai hi'n clywed y sgrech ac yna'n troi'n ôl. Hawdd!

Camodd Gwilym yn ofalus i mewn i'w sied.

'Falle galla i ddechrau ar y Shw-Sioned nawr,'

meddai, gan sylwi ar fatris yn gorwedd yng nghanol y llanast ar y llawr.

'Ngiaaaaaaa!' meddai Capten Cadi gan droi'n sydyn at ddrws cefn y tŷ â'i chlustiau'n fflician. Roedd hi wedi clywed sŵn traed.

Mewn chwinc agorodd drws y tŷ a daeth Mam i'r golwg yn wên o glust i glust. Rhedodd at ddrws y sied a neidiodd Capten Cadi o'i ffordd.

'Gwilym!' meddai Mam. 'Dere 'ma. Dere glou. Dere gl. . .'

Tagodd yn sydyn ac agor ei llygaid led y pen wrth weld y llanast o focsys a ffeiliau. 'O na!' meddai mewn braw. 'Dwi newydd ofyn i Lola ddod allan i weld dy sied di.'

'Gofyn i bwy?' meddai Gwilym.

'Fi,' atebodd llais direidus.

Edrychodd Gwilym yn syn i gyfeiriad y llais ac yna fe gochodd o'i ben i'w draed.

Roedd gwraig ifanc newydd gamu allan o ddrws cefn y tŷ. Roedd ganddi wallt melyn wedi'i glymu'n gudyn ar dop ei phen a gwisgai siwt undarn gwyrdd.

'Dr Lola Harris!' gwichiodd Gwilym gan neidio allan o'i sied a cheisio cau'r drws cyn i'r ymwelydd weld y llanast.

'Galwa fi'n Lola, Gwil bach,' meddai'r ymwelydd gan chwerthin yn llon. 'A phaid â phoeni am gyflwr dy sied. Dwi wedi clywed am y digwyddiad anffodus. Mae dy frawd wedi egluro popeth.'

Suddodd calon Gwilym i waelod ei sgidiau. Yn ei ben gallai glywed llais wfftlyd Tristan yn dweud, 'Mae Gwil yn lico esgus bod yn ddyfeisiwr, druan bach. Ond wedyn mae e'n mynd i banics pan fydd rhywbeth yn mynd o'i le. Drwy lwc ro'n i wrth law i'w achub e gyda fy mat criced.' Sgyrnygodd Gwil ar ei frawd a oedd yn sefyll ar garreg y drws gyda gwên ddwl a hunan-bwysig ar ei wyneb.

'Doedd Tristan ddim yma,' meddai Gwilym. 'Does gyda fe ddim hawl i egluro. Dyw e ddim yn gwybod beth ddigwyddodd . . .'

'Sh!' Cydiodd Mam ym mraich Gwilym. 'Paid â phoeni am hynny nawr,' meddai. 'Dere i'r tŷ. Mae gyda Lola rywbeth i'w ddweud wrthot ti.'

Roedd llygaid Mam yn disgleirio a dechreuodd rhyw deimlad bach cynnes gosi ym mol Gwilym. Anghofiodd ei fod e'n grac gyda'i frawd, a dilyn Mam a Lola ar ras i'r stafell ffrynt. Yno roedd yr haul yn tywynnu drwy'r ffenest ac ornaments Mam yn wincio'n llon fel camerâu bach yn fflachio.

'Wel, Gwilym Puw,' meddai Lola gan droi tuag ato cyn i neb gael cyfle i eistedd i lawr. 'Oes gen ti syniad pam ydw i wedi dod i dy weld di?'

Roedd gan Gwilym syniad, ond ddwedodd e ddim gair, dim ond syllu ar yr ymwelydd a chroesi'i fysedd.

'Wyt ti'n cofio'r gystadleuaeth Techno-Teg cyn gwyliau'r haf?'

Nodiodd Gwilym. Roedd cystadleuaeth Techno-Teg yn rhan o'r Ffair Wyddoniaeth fyddai'n cael ei chynnal yn y dref ddydd Sadwrn. 'Nôl ym mis Gorffennaf roedd blynyddoedd 4, 5 a 6 yn Ysgol Gynradd Tregawn, a phob ysgol arall yn yr ardal, wedi cael cyfle i adeiladu teclyn ar gyfer y gystadleuaeth.

'Wyt ti'n cofio pa declyn wnest ti ei adeiladu ar gyfer y gystadleuaeth?' gofynnodd Lola.

'Ydw,' meddai Gwilym. 'Y Pws-soffa.'

'Wel . . .' meddai Lola.

Daliodd Gwilym ei wynt.

'Wel,' meddai Lola â'i llygaid yn disgleirio bron cymaint â rhai Mam. 'Dwi'n falch iawn o ddweud, Gwilym Puw, mai ti sy wedi ennill y gystadleuaeth.' Estynnodd ei llaw ato. 'Llongyfarchiadau calonnog!'

Teimlodd Gwilym yn chwys drosto. Roedd e wedi breuddwydio am y foment hon ac yn enwedig am y wobr arbennig i enillydd y gystadleuaeth. Daliodd ei wynt wrth i Lola ychwanegu: 'Dy wobr di fydd ymuno â thîm Techno-Teg am ddau ddiwrnod a chael cyfle i reoli robot newydd sbon.'

'Ooooooo!' meddai Gwilym. 'Dio. . .'

'Oooooo!' torrodd llais ar ei draws. 'Druan â'r robot. Os bydd Gwilym yn mynd yn agos ato fe, dyna'i ddiwedd e!'

'Tristan!' meddai Mam yn grac – a dihangodd Tristan drwy'r drws gan chwerthin.

Pennod 4

Roedd Tristan wedi dianc i ateb ei ffôn lôn. Tra oedd Tristan yn siarad â'i ffrind, Daniel, a Mam yn gwneud paned o de, dwedodd Gwilym hanes go iawn y gath robot wrth Lola.

'Damwain oedd y cyfan!' meddai. 'Ro'n i wedi bod yn y lab yn astudio'r gath ac yn symud rhai o'r weiars yn ei bol i weld beth fyddai'n digwydd. Wedyn daeth Sioned i mewn. Cwympodd popeth i lawr o'r silffoedd. Bagles innau yn erbyn y ddesg a tharo yn erbyn y gath a'r bocs rheoli. Drysodd y weiars yn waeth byth ac aeth y gath yn bananas!'

'O, paid â phoeni. Mae pethau fel 'na'n digwydd i bob gwyddonydd,' meddai Lola.

Gwenodd Gwilym. Roedd e'n siŵr nad oedd dim byd o'r fath ERIOED wedi digwydd i Dr Lola Harris. Roedd Lola'n enwog. Roedd hi'n enwog *iawn*. Ymhen llai nag wythnos byddai roced yn gwibio i'r gofod o ynys yn y Môr Tawel. Madog oedd enw'r roced. Lola ei hun oedd wedi dewis yr enw, am mai hi oedd yr ieuengaf o wyddonwyr Ewrop fu'n gweithio arni. Hi a'i thîm oedd wedi adeiladu'r robot bach fyddai'n hedfan o'r roced ac yn glanio rhyw ddydd ar y blaned Wranws – y robot cyntaf erioed i lanio ar y blaned. Allai Gwilym ddim credu ei fod e'n siarad â Dr Lola Harris!

'Ro'n i wedi bwriadu dod i dy ysgol di fory i gyhoeddi canlyniadau'r gystadleuaeth,' meddai Lola. 'Ond dwi'n gorfod mynd i Lundain yn y bore i gwrdd â'r Prif Weinidog. Dyna pam y dois i yma heno.'

'O, dwi'n falch eich bod chi wedi dod,' meddai Gwilym yn llawn cyffro. Allai e ddim aros i anfon neges i ddweud wrth Dad fod Dr Lola Harris wedi bod yn eu tŷ nhw! Roedd tad Gwilym yn beiriannydd ar fwrdd llong a fyddai e dim yn dod adre am dros fis.

'Bydda i'n dod yn ôl o Lundain nos fory,' meddai Lola. 'Drannoeth, sef dydd Gwener, byddi di'n cael diwrnod i ffwrdd o'r ysgol ac yn dod draw i'r Ganolfan Hamdden i gwrdd â Llew Llawen.'

'Llew Llawen?' holodd Gwilym.

'Llew Llawen yw'r robot dwi wedi'i adeiladu yn arbennig ar dy gyfer di,' meddai Lola.

'WAW!' Lapiodd Gwilym ei fysedd yn dynn am glustog y soffa. Roedd meddwl am y wobr yn gwneud iddo deimlo fel balŵn fawr felen, hapus yn fflotian drwy'r awyr.

'Bydda i a'r tîm yn dy ddysgu di sut i reoli Llew Llawen. Wedyn ddydd Sadwrn fe gei di ddangos dy sgiliau o flaen cynulleidfa o dy ffrindiau yn y Ffair Wyddoniaeth.'

Suddodd Gwilym yn ôl i'r soffa. Roedd e'n teimlo mor hapus â'r gog, ond mor wan â phluen ar yr un pryd.

'O!' meddai. 'Dwi wastad wedi breuddwydio am fod yn robotiwr fel chi.'

'Wel, rwyt ti *yn* robotiwr,' meddai Lola. 'Ti ddyfeisiodd y Pws-soffa, ontefe?'

Ar y gair daeth sŵn o'r lawnt ffrynt. Sŵn WHIIIII-NGIA-WAAAA.

Roedd Gwilym yn gwybod beth oedd y sŵn, ond doedd Lola ddim. Cododd ar ei thraed a syllu drwy'r ffenest.

Roedd cath ddu gyda streipen wen ar ei thalcen yn sglefrio ar draws y lawnt ar ddarn bach o hen soffa.

'Y Pws-soffa!' meddai Lola a lledodd gwên fawr ar draws ei hwyneb. 'Waw!'

'Pws-soffa 1 yw honna,' meddai Gwilym gan fynd i sefyll yn ei hymyl. 'Pws-soffa 2 oedd yr un anfonais i i'r gystadleuaeth. Roedd honno'n fwy taclus ac roedd mwy o fachau arni. Pan mae Cadi'n cyffwrdd â'r bachau, mae teganau bach yn neidio allan.'

Ar y gair dyma wifren yn tasgu i fyny o Pws-soffa 1. Ar ben y wifren roedd corryn blewog gyda choesau lastig. Roedd y gath wrth ei bodd. Roedd hi'n hongian ar y Pws-soffa â thair pawen ac yn taro'r corryn â'r bawen arall. Llithrodd y Pws-soffa'n igam-ogam ar draws y lawnt a diflannu o'r golwg ar hyd y llwybr a redai gyda thalcen y tŷ.

'O, rhaid i fi dynnu llun!' meddai Lola. 'Mae hyn yn wych!'

Anelodd Lola a Gwilym am y drws cefn. Wrth iddyn nhw redeg drwy'r gegin rhoddodd Mam winc fach i Gwilym. O-o! meddyliodd Gwilym. Mam oedd wedi rhoi Capten Cadi ar y Pws-soffa a gofalu fod Lola'n ei gweld. Wel, pam lai? Roedd Mam yn meddwl ei bod hi'n ddyfais wych. Nid yn unig roedd hi'n rhoi pleser i Capten Cadi, ond roedd hi'n rhoi pleser mawr i Mam hefyd. Ar ôl cael y Pws-soffa, roedd Capten Cadi wedi stopio crafu'r cadeiriau yn y tŷ.

Taflodd Lola'r drws cefn ar agor. Clic! Dim ond amser i dynnu un llun gafodd hi cyn i'r Pws-soffa blymio i mewn i'r ardd lysiau. Neidiodd Capten Cadi oddi ar ei chefn, mewian yn flin ac yna stelcian draw at Lola.

'Wel, dyna gath lwcus wyt ti, yntê?' meddai Lola gan estyn ei llaw a gafael yn y fedal am ei gwddw. 'Capten Cadi,' darllenodd. 'Dyna enw hyfryd.'

'Ssssss,' atebodd Capten Cadi.

'Rwyt ti'n gath hyfryd hefyd, yn dwyt?' meddai Lola gan oglais ei phen.

'SSSSSS!' meddai Capten Cadi gan symud o'i ffordd.

Chwarddodd Gwilym. Doedd Capten Cadi ddim yn hyfryd. Roedd hi'n ffyrnig, ond roedd hi'n werth y byd. Hi oedd wedi ei ysbrydoli i ddyfeisio'r Pws-soffa. Aeth i nôl y Pws-soffa o'r ardd.

'Rho hi ar garreg y drws i fi gael tynnu rhagor o luniau,' meddai Lola.

'Lola!' Torrodd llais Mam ar ei thraws. 'Te'n barod.'

'Fydda i ddim yn hir!' galwodd Lola'n llon. 'Dim ond tynnu cwpwl bach o luniau eto.' Tynnodd hi lun o Gwilym ac un arall o'r sied – gyda'r drws ar gau i guddio'r llanast, wrth gwrs. Yna fe ddangosodd Gwilym un o'i ddyfeisiadau cyntaf iddi, sef y Wishgitiwr, peiriant i ddychryn cathod dieithr o'r ardd.

'Ardderchog!' meddai Lola ac fe dynnodd hi lun o hwnnw hefyd cyn mynd yn ôl i'r tŷ.

Tra oedd hi'n yfed te, edrychodd Lola drwy'r lluniau ar y camera digidol nes cael gafael ar yr un o Capten Cadi'n reidio ar draws y lawnt ar y Pws-soffa. Dangosodd y llun i Gwilym a Mam.

'Mae'n braf cael prawf â'm llygaid fy hunan fod dyfais yn gweithio,' meddai Lola'n falch. 'Mi anfona i gopi o'r llun i ti, Gwilym.'

'Diolch yn fawr,' meddai Gwilym gan wenu.

Pennod 5

A dweud y gwir doedd dim angen y llun ar Gwilym, ond doedd e ddim am siomi Lola Harris. Roedd Gwilym wedi tynnu sawl llun o Capten Cadi ar y Pws-soffa. Roedd e wedi printio un a'i anfon at feirniaid y gystadleuaeth ac roedd e wedi e-bostio o leia ugain ohonyn nhw at ei dad. Er bod Dad yn bell i ffwrdd ar ei long, roedd gyda fe ddiddordeb mawr yn y Pws-soffa. Roedd e'n falch iawn fod Gwilym am fod yn ddyfeisiwr.

Ar ôl derbyn y lluniau ym mis Gorffennaf, roedd Dad wedi anfon e-bost:

'Dyfais bws-ig a soff-istigedig iawn! Mae'r Pws-soffa'n mynd i ennill, Gwil boi!'

Wel, roedd Dad yn hollol gywir. Ar ôl i Lola fynd, rhedodd Gwilym lan stâr a thanio'r cyfrifiadur.

Dad! Dwi wedi ennill cystadleuaeth Techno-Teg! Daeth Lola – Dr Lola Harris, yr un wnaeth y robot ar gyfer y blaned Wranws! – i ddweud wrtha i heno. Dwi'n cael mynd i gwrdd â Thîm Techno-Teg ddydd Gwener a dysgu sut i reoli robot arbennig o'r enw Llew Llawen. Wedyn

bydda i'n rhoi arddangosfa ddydd Sadwrn yn y Ffair Wyddoniaeth.
GRRRRRRRRêt! Dwi mor hapus!
Gwil xxxxxx

'Grrrrrr!' meddai llais yn ei ymyl.

Sgyrnygodd Gwilym yn gas wrth weld adlewyrchiad ei frawd ar y sgrin.

'Cer o 'ma!' rhuodd wrth Tristan.

Pennod 6

Fore trannoeth, ar ôl y gwasanaeth yn Ysgol Gynradd Tregawn, safodd Mr Williams, y prifathro, ar y llwyfan a gwenu ar bawb.

'Mae gen i gyhoeddiad pwysig iawn,' meddai. 'Ydych chi'n cofio cymryd rhan yng nghystadleuaeth Techno-Teg ddiwedd tymor yr haf?'

Nodiodd plant Blwyddyn 5 a 6.

'Wel, mae'n dda gen i ddweud fod un o ddisgyblion yr ysgol hon wedi ennill y wobr.'

'O!' Trodd Sioned Betts i edrych ar Gwilym a'i llaw dros ei cheg. Trodd gweddill y dosbarth i edrych arno hefyd. Er nad oedd Gwilym wedi sôn gair wrth neb, roedd pawb yn siŵr mai fe oedd wedi ennill.

Nawr roedd Mr Williams yn gwenu ar Gwilym.

'Yr enillydd yw Gwilym Puw,' meddai. 'Dere lan fan hyn, Gwilym.'

Gwaeddodd pawb 'Hwrê!' a churo'u traed ar y llawr wrth i Gwilym gerdded i'r llwyfan.

'Da iawn, Gwilym,' meddai Mr Williams gan ysgwyd ei law yn gadarn. 'Dwi mor falch fod un o'n disgyblion ni'n hoffi dyfeisio. Mae angen dyfeiswyr arnon ni yma yng Nghymru.'

Cochodd Gwilym. Er ei fod wedi dechrau dyfeisio pan oedd e'n fach iawn, dyma'r tro cyntaf iddo ENNILL unrhyw beth.

'Dwi'n siŵr ein bod ni i gyd yn dymuno'n dda i Gwilym,' meddai Mr Williams. 'Fel y cofiwch chi, mae Ffair Wyddoniaeth yn cael ei chynnal yn y dref ddydd Sadwrn. Mae hon yn ffair bwysig a byddwn ni i gyd fel ysgol yn mynd iddi. Mae yna bob math o bethau cyffrous yn y ffair, ond y peth mwya cyffrous i fi fydd gweld Gwilym yn rheoli robot newydd sbon a adeiladwyd yn arbennig ar ei gyfer gan Dr Lola Harris, y gwyddonydd enwog. Bydd Gwilym yn dangos ei sgiliau i ni am ddeuddeg o'r gloch brynhawn dydd Sadwrn.'

Curodd pawb eu dwylo'n wylltach fyth wrth i Gwilym gerdded yn ôl at ei ddosbarth.

'Da iawn, Gwil,' sibrydodd Sioned yn ei glust.

Roedd hi'n edrych braidd yn swil. Doedd hi byth yn swil fel arfer. Gwenodd Gwilym. Yn amlwg roedd Sioned yn teimlo cywilydd am lanast y noson cynt. Tybed pa mor hir fyddai hynny'n para?

Yn lle mynd yn ôl i'w stafelloedd dosbarth, arhosodd yr ysgol i gyd yn y neuadd i wylio fideo. Ar y fideo roedd gwybodaeth am Dr Lola Harris a phob un o'r gwyddonwyr eraill oedd yn cymryd rhan yn y Ffair Wyddoniaeth. Hefyd roedd disgrifiad o bob stondin yn y ffair.

'Waw!' meddai Gwilym, pan welodd e ddarn o graig o'r lleuad ar un stondin.

'Waw!' meddai Sioned, pan welodd hi gawell yn llawn o gorynnod mawr. 'Mr Williams,' galwodd, gan chwifio'i llaw. 'Mr Williams, ga i gydio mewn tarantwla, os gwelwch yn dda?'

'Falle,' meddai Mr Williams, 'ond chei di ddim cydio yn rhain.' Daeth tanc yn llawn o nadroedd ar y sgrin. 'Mae'r rhain yn wenwynig,' meddai. 'A pheidiwch â meiddio rhoi blaen eich bys yn y tanc pysgod 'ma fan hyn.'

'Yyyyy!' meddai pawb ond Sioned wrth weld haid o bysgod â dannedd miniog.

'O, piranhas bach ydyn nhw!' meddai Sioned.

Roedd y piranhas yn cnoi darn o gig yn awchus.

'Dyna'n union sut bydden nhw'n eich cnoi chi petaech chi'n mynd yn agos,' meddai Mr Williams.

'Wel,' meddai Sioned, 'nid eu bai nhw yw e. Mae'n rhaid iddyn nhw gael bwyd.'

Ond boddwyd llais Sioned gan 'WAAAAAAAAW!' enfawr.

Roedd caban awyren wedi ymddangos ar y sgrin.

'Byddwn ni i gyd yn cael cyfle i esgus gyrru awyren ar y *flight simulator* sy yn y caban,' meddai Mr Williams.

Edrychodd Gwilym a'i ffrind James ar ei gilydd a gwenu'n gyffrous. Allen nhw ddim aros. Curodd y ddau eu dwylo'n uchel wrth i'r fideo ddod i ben.

Ar long fawr oedd yn hwylio'n gyflym drwy'r Môr Tawel roedd rhagor o guro dwylo. Roedd tad Gwilym newydd ddarllen y neges e-bost oddi wrth Gwil.

'Mae fy mab i newydd ennill cystadleuaeth a chwrdd â Dr Lola Harris,' meddai wrth ei ffrindiau.

'Dr Lola Harris!' meddai'r criw mewn rhyfeddod a throdd pawb i edrych ar ynys fechan ar y gorwel.

Pennod 7

Roedd Gwilym ar ganol tacluso'i sied y noson honno, pan glywodd sgrech a bloedd. Rhedodd i mewn i'r tŷ.

Mam oedd wedi sgrechian a Mam oedd yn bloeddio. Roedd hi'n sefyll ar waelod y grisiau.

'Tristan!' rhuodd.

'Be?' meddai llais Tristan o'r landin uwchben.

'Os wyt ti wedi torri fy ornaments i . . !' chwyrnodd Mam. Camodd drwy ddrws y stafell ffrynt ac edrych o'i chwmpas yn wyllt.

'Dim ond helpu Gwilym ydw i,' meddai Tristan.

'Be ti'n feddwl?' holodd Gwilym. 'Dwyt ti ddim wedi fy helpu i o gwbl.'

'Paid â phanicio, frawd bach. Dwi'n mynd i dy ddysgu di sut i reoli robot,' meddai Tristan gan wenu'n annwyl.

'Y?'

Dilynodd Gwilym ei fam i'r stafell ffrynt. Ar ganol y carped roedd car rasio du. Wrth i Mam blygu i'w godi, neidiodd y car rhwng ei dwylo ac anelu am waelod y stâr.

'Tristan!' gwaeddodd Mam. 'O, chi fechgyn! Allan â ti nawr, Gwilym.'

Rhoddodd hwb i Gwilym a chau drws y stafell ffrynt yn glep ar ei ôl.

Bwmp! Bwmp! Gwibiodd y car bach ar draws y cyntedd a tharo'n erbyn y drws.

'Brrrrm! Brrrm! Gadewch fi i mewn i fwyta'ch ornaments chi!' chwyrnodd llais Tristan o'r landin.

'Tristan!' rhybuddiodd Mam o'r stafell ffrynt.

Cododd Gwilym y car a rhedeg lan y grisiau. Roedd Tristan yn eistedd ar dop y stâr a'r bocs rheoli yn ei law. Y tu ôl iddo eisteddai Daniel, ei ffrind.

'Ble cest ti hwnna?' gofynnodd Gwilym gan estyn am y bocs rheoli.

'Hei hei hei! Howld on!' Pwysodd Tristan yn ôl a dal y bocs ymhell o afael ei frawd.

'Dwedest ti dy fod ti'n mynd i fy helpu i,' protestiodd Gwilym. 'Dwedest ti wrth Mam.'

'Yn hollol.' Gwenodd Tristan yn ddwl. 'Dyna pam dwi'n cadw gafael ar y bocs rheoli. Daniel biau hwn, felly dwi ddim eisiau i ti roi ffling iddo fe fel y gwnest ti ddoe.'

'Tafles i focs rheoli'r gath robot i'r clawdd ddoe, achos doedd e ddim yn gweithio. Es i'n ôl i'w mofyn e wedyn,' meddai Gwilym wrth Daniel. 'Paid â gwrando ar Tristan.'

Gwenodd Daniel 'run mor ddwl â'i ffrind.

'Mae Daniel wedi rhoi benthyg y car 'ma er mwyn i fi gael rhoi gwersi i ti, Gwil-o!' meddai Tristan. 'Dwi ddim eisiau i ti wneud ffŵl o dy hunan gyda'r robot Llew Llawen 'na.'

'Hy!' meddai Gwilym. Ond wnaeth e ddim dweud fod Llew Llawen yn llawer mwy cyffrous a chymhleth na char bach Daniel. Wnaeth e ddim dweud, achos am unwaith roedd e'n teimlo tipyn bach o drueni dros ei frawd mawr. Petai Tristan yn treulio'i amser yn dyfeisio, yn lle chwarae criced neu rygbi, falle mai fe fyddai wedi cael y cyfle i reoli robot arbennig Lola Harris. Felly ddwedodd e ddim mwy, dim ond estyn ei law.

Anwybyddodd Tristan y llaw. 'Symuda!' meddai wrth Gwilym, ac ar ôl i Gwilym symud dododd y car ar y landin a'i drwyn yn wynebu tuag at y stafelloedd gwely. 'Brrrrrrrrrm.'

Gwasgodd Tristan y swits ac fe wibiodd y car drwy ddrws stafell Gwilym a tharo'n erbyn copi o'r llyfr *Dyfeiswyr Enwog*.

'Brrm Brrm Brrm Brrm.' Rifyrsiodd yn gyflym.

'O, gad i fi gael tro nawr,' meddai Gwilym yn daer.

'Sut wyt ti'n gofyn?'

'Os gweli di'n dda.'

'Be?'

'Os gweli di'n dda, Bec-ham.'

'Beckham?' meddai Daniel. 'Pam wyt ti'n ei alw fe'n Beckham? Dyw e ddim yn chwarae pêl-droed!'

'B . . . E . . . C . . H . . . A . . . M,' meddai Gwilym gan rolio'i lygaid. 'Brawd Ecstra Clyfar, Heini A Mega-ffantastig. Bob tro dwi eisiau rhywbeth oddi wrth Tristan, dwi'n gorfod dweud y dwli 'na.'

'Dyw e ddim yn ddwl,' meddai Tristan. 'Mae e'n hollol wir.' Winciodd ar Daniel ac estyn y bocs rheoli i'w frawd bach. 'Nawr gad i fi ddangos i ti.'

'Na.' Rhoddodd Gwilym broc i Tristan a chamu o'i ffordd. Roedd e'n hen law ar reoli ceir bach ac roedd Tristan yn gwybod hynny. Gwasgodd y swits ar y bocs rheoli a sbonciodd y car yn ei flaen mor gyflym â Ferrari Michael Schumacher. Gwibiodd ar draws y landin a phlymio o dan wely Tristan. Daeth e allan yn llawn llwch. Chwyrlïodd y llwch yn yr awyr wrth i'r car fynd yn ei flaen i'r stafell sbâr, gyrru dros un o wifrau'r cyfrifiadur ac yna bwrw 'mlaen i'r stafell ymolchi.

'Aaaa!' Roedd pâr o sanau criced brwnt ar y llawr wrth ochr y bath. Gyrrodd Gwilym y car yn syth i'w canol.

'Aaaaa! Mae'r car wedi stopio! Mae'r drewdod wedi'i dagu e!' gwaeddodd.

'Ti sy'n methu gyrru!' Rhoddodd Tristan blwc sydyn i'r bocs rheoli.

'Paid!'

Rhy hwyr! Wrth i Tristan dynnu'r bocs, trawodd

bys Gwilym yn erbyn y swits. Neidiodd y car dros y sanau. Neidiodd yn grwn dros dop y stâr. I lawr ag e gan sboncio o ris i ris nes i Tristan lwyddo i'w stopio wrth ddrws y stafell ffrynt.

'Lwcus i ti fod y car heb dorri,' meddai Tristan. Gwthiodd y bocs rheoli'n ôl i law Gwilym a dechrau rhedeg i lawr y grisiau i nôl y car.

Ond roedd drws y stafell ffrynt yn agor. Daeth Mam i'r golwg ag ornament bach yn llawn o flodau gwydr yn ei llaw. Sylwodd hi ddim ar y car ar y llawr. Roedd ei throed yn anelu amdano, pan drawodd Gwilym y swits. Gwibiodd y car o'r ffordd ond sgrechiodd Mam mewn braw.

'AAAAA!'

Tasgodd yr ornament o'i gafael a chaeodd Gwilym ei lygaid. Pan agorodd nhw eto, roedd dau wyneb coch yn syllu arno o waelod y stâr. Mam oedd biau un wyneb. Roedd ei cheg yn llydan agored. Tristan oedd biau'r wyneb arall, ac o flaen yr wyneb hwnnw roedd ornament twt yn llawn o flodau gwydr.

'Whiw!' meddai Gwilym. 'Fe ddaliest ti fe.'

'Do,' meddai Mam a'i llais yn gryg. 'Fe ddaliodd Tristan yr ornament, ond meddyliwch beth fyddai wedi digwydd petai e wedi cwympo i'r llawr.' Cipiodd Mam y llestr bach o law Tristan a stelcian yn grac i'r gegin. 'Dyna ddangos be all ddigwydd pan fydd pethau'n mynd allan o reolaeth,' meddai.

Am eiliad edrychodd y tri bachgen yn euog ar ei gilydd, yna fe winciodd Tristan a chodi'i fawd.

'Paid â phoeni, Gwil-o,' meddai'n llon. 'Fydd dim byd yn mynd o'i le fory. Fe wna i'n siŵr o hynny.'

Pennod 8

Aw! Deffrodd Gwilym yn sydyn yng nghanol y nos. Roedd e newydd gael hunlle. Roedd e wedi breuddwydio fod Tristan wedi dod gydag e i'r Ffair Wyddoniaeth yn y Ganolfan Hamdden ac wedi mynnu rheoli'r robot. Roedd ei frawd wedi gyrru Llew Llawen mor wyllt nes bod y robot yn plymio i'r tanc piranhas a'i falu'n deilchion. Roedd y piranhas wedi dianc i bobman.

'Aw! Aw! Aw!' griddfanodd Gwilym wrth i ddannedd bach miniog ei gnoi. 'AW!'

Neidiodd i fyny ar ei eistedd.

'Ngiaaaa!' atebodd llais blin o'r tywyllwch.

Roedd Capten Cadi wedi stelcian i'r llofft ac wedi gweld bysedd traed Gwilym yn gwingo o dan y dwfe. Pethau braf oedd bysedd traed, pethau tebyg iawn i lygod. Roedd Cadi wedi cael hwyl yn chwarae â nhw, nes i Gwilym ddechrau cadw sŵn.

'Ngiaaa!' meddai eto a chripian i ffwrdd i chwilio am lygod go iawn.

Pan gododd Gwilym am wyth o'r gloch, fe gafodd sioc waeth fyth. Roedd Tristan wedi codi o'i flaen am unwaith ac yn disgwyl amdano wrth y bwrdd brecwast! Roedd Daniel yno hefyd.

'Rydyn ni'n mynd i dy hebrwng di i'r Ganolfan Hamdden,' meddai Tristan.

O, na! Edrychodd Gwilym ar Mam. A be wnaeth Mam? Dim ond gwenu'n llon a dweud, 'Bydd hi'n braf i ti gael cwmni, Gwil bach.'

Braf? meddyliodd Gwilym wrth gerdded drwy'r parc hanner awr yn ddiweddarach. Sut byddai Mam yn hoffi mynd drwy'r parc gyda Tristan a Daniel yn reidio'u byrddau sglefrio un bob ochr iddi – yn enwedig gyda Tristan yn esgus chwythu trwmped a gweiddi, 'Tw-twtl-ŵ! Allan o'r ffordd, bawb! Gwnewch le i'r dyfeisiwr enwog, Gwil "Pws-soffa" Puw!'

'Ca' dy ben,' meddai Gwilym. 'Sut galla i edrych fel dyfeisiwr pan wyt ti'n gwneud ffŵl ohona i?'

Roedd arno ofn yn ei galon y byddai Tristan yn gwthio'i ffordd i mewn i'r Ganolfan Hamdden. Ond, drwy lwc, pan gyrhaeddon nhw'r Ganolfan, curodd Lola ar ffenest y llawr cyntaf ac yna rhedeg i lawr i'w cwrdd.

'Dere ffor' hyn, Gwilym,' meddai. 'A hwyl, fechgyn.' Cododd ei llaw ar Tristan a Daniel a'u gadael yn sefyll fel lloi y tu allan i'r drws. 'Oeddet ti eisiau i dy frawd ddod gyda ti?' gofynnodd i Gwilym wrth i'r ddau ohonyn nhw gerdded lan y stâr.

'Nag o'n,' meddai Gwilym yn bendant.

'Na.' Chwarddodd Lola. 'Mae brodyr mawr yn annwyl iawn, ond maen nhw'n gallu bod yn niwsans hefyd. Dwi'n gwybod hynny o brofiad.' Winciodd ar Gwilym a'i arwain at y neuadd fowlio.

Taflodd Lola'r drws ar agor, ac wrth i Gwilym gamu heibio iddi sbonciodd ei galon mewn sioc a rhyfeddod. Roedd robot siâp llew yn rholio tuag ato!

'Waaaaaaw!' meddai Gwilym.

Am robot! Roedd e tua maint daeargi, gyda chorff o fetel brown sgleiniog a mwng o flew neilon melyn a brown. Stopiodd o flaen Gwilym a chodi ar ei eistedd fel ci. Agorodd ei geg a gwenu o glust i glust gan ddangos dwy res o ddannedd rwber gwyn.

'O! Rwyt ti'n llawen iawn, yn dwyt ti, Llew?' meddai Gwilym gan wenu'n ôl a'i wyneb yn disgleirio. Allai e ddim credu fod Dr Lola Harris wedi gwneud robot mor wych ar ei gyfer e. Ysgydwodd Llew Llawen ei gynffon, troi yn ei unfan fel top, a gwibio i ffwrdd i ganol y stafell.

Pan welodd Gwilym beth oedd yng nghanol y neuadd, rhoddodd ei galon sbonc arall. Roedd y matiau bowlio arferol wedi diflannu ac yn eu lle roedd cylch syrcas. Yn y cylch roedd trampolîn bach, trapîs, trac uchel oedd yn debyg i reilffordd ar goesau, ceffyl pren, cylch o bapur ac esgid clown.

Tra oedd Gwilym yn dal i syllu mewn syndod, fe wibiodd Llew drwy fwlch yn wal y cylch a sboncio i ben y trampolîn. Ffliciodd ei gynffon fetel tuag yn ôl, taro'r trampolîn yn galed nes sboncio i'r awyr a glanio ar y trac. Yna i ffwrdd ag e rownd a rownd a rownd fel trên bach. Weithiau roedd e'n mynd yn gyflym, weithiau roedd e'n arafu, weithiau roedd e'n troi fel top ac yn newid cyfeiriad. Pan oedd e'n mynd rownd am y chweched tro, fe gododd ar ei eistedd ac estyn dwy bawen. Bachodd y trapîs oedd yn hongian uwchben, swingio arno, yna troi tin-dros-ben a disgyn ar y trac unwaith eto.

'WAW!'

Roedd llygaid Gwilym bron â neidio o'i ben. Nawr roedd Llew'n gwibio tuag at y cylch papur. Neidiodd drwyddo, disgyn ar ei ben ar gefn y ceffyl pren a mynd rownd y trac ddwy waith cyn sboncio i'r llawr, glanio ar yr esgid clown a thasgu ffrwd fach o ddŵr i wyneb Gwilym.

Camodd Gwilym yn ôl gan chwerthin yn gyffrous a sychu'i wyneb ar yr un pryd.

'O, ffantastig, ffantastig, ffantastig!' gwaeddodd.

'Rwyt ti'n hoffi'r Robo-syrcas 'te?' meddai llais o'r tu ôl iddo.

Trodd Gwilym a gweld fod dau ddyn mewn oferôls coch yn pwyso'n erbyn bwrdd o flaen y ffenest bella. Roedd gan y dyn oedd yn siarad focs rheoli yn ei law – fe oedd wedi rheoli Llew – ac roedd gan y llall sgarff am ei ben.

'O! Hwn yw'r peth gorau dwi wedi'i weld erioed,' meddai Gwilym.

Gwenodd y ddau ddyn a cherdded draw.

'Dyma Tony Tarango a Ron Roberts,' meddai Lola. 'Tony yw'r un â'r gwallt du a Ron yw'r un . . .'

'Heb wallt o gwbl,' meddai Ron gan dynnu'r sgarff a dangos ychydig o flew brown ar dop ei ben.

Chwarddodd pawb.

'Mae Tony a Ron yn robotwyr da iawn,' meddai Lola.

'Ond ddim hanner cystal â Dr Lola Harris,' meddai Ron. 'Hi sy wedi cynllunio Llew Llawen, cofia.'

'Ond Tony a Ron gafodd y syniad o wneud Robo-syrcas,' meddai Lola. 'Dwi'n cytuno â ti, Gwilym. Mae e'n syniad ffantastig.'

'Ti, Gwilym, fydd y cylchfeistr am ddeuddeg o'r gloch fory,' meddai Ron. 'Ti fydd yn rhedeg y sioe fawr.'

'O, waw!' Roedd llais Gwilym dipyn bach, bach yn grynedig.

'Paid â phoeni,' meddai Ron gan godi Llew Llawen o'r cylch a'i roi ar y llawr. 'Fyddi di fawr o dro'n dysgu. Wyt ti wedi chwarae â char *remote control* erioed?'

'Ydw,' meddai Gwilym. 'Bues i'n chwarae ag un neithiwr, fel mae'n digwydd.'

'Ardderchog,' meddai Tony gan roi'r bocs rheoli yn ei law. 'Felly rwyt ti'n gwybod sut i ddechrau a stopio a gyrru Llew i'r chwith ac i'r dde ac ati.'

'Ydw.'

'Ffwrdd â ti 'te.'

Syllodd Gwilym ar y bocs. Roedd llawer mwy o fotymau ar hwn nag ar focs car rasio Daniel, ond roedd e'n nabod y swits oedd yn cychwyn y robot. Pwysodd ar y swits yn ofalus ac yna neidio mewn dychryn wrth i Llew ruthro tuag ato. Stopiodd e'r robot ar unwaith.

'Dyna ti. Paid â gwylltu. Cymer dy amser,' meddai Tony.

Gwenodd Ron a chodi'i fawd arno.

Tynnodd Gwilym anadl ddofn. Beth oedd yn bod ar ei fysedd? Roedden nhw'n teimlo fel sosejys. Gwasgodd y swits eto a'r tro hwn fe symudodd Llew'n ofalus ar draws y stafell.

'Da iawn, Gwil,' meddai Lola.

'Nawr gad i fi ddangos i ti beth mae'r botymau eraill yn ei wneud,' meddai Tony. 'Mae llun bach ar bob un i dy helpu. Edrych.'

Edrychodd Gwilym. Roedd llun cynffon ar y botwm cyntaf, llun pawennau ar yr ail a llun ceg ar y trydydd. Ar y pedwerydd roedd llun Llew yn eistedd i fyny ac ar y pumed llun top yn troi.

Gwasgodd y botwm â llun ceg a gwenodd y robot arno â'i ddannedd rwber. Chwarddodd Gwilym a gwasgu'r botwm â'r llun top arno. Trodd Llew fel chwirligwgan. Waw! Am hwyl!

Ar ôl chwarter awr o ymarfer rheoli'r robot ar y llawr y tu allan i'r cylch roedd Gwilym wedi anghofio'i nerfau ac roedd ei fysedd yn symud mor rhwydd ac mor chwim â bysedd Mam ar y cyfrifiadur. Felly pan glywodd e lais Lola'n dweud, 'Gyrra Llew i'r cylch, Gwil,' fe ymatebodd ar unwaith.

'Ar y trampolîn, Gwil!'

Gwasgodd Gwilym fotwm y gynffon a sbonciodd Llew ar y trampolîn. Sbonc arall ac roedd e ar y trac.

'Bril!' Gwasgodd Gwilym y switsys i wneud i Llew wibio dros y cledrau, arafu, cyflymu a newid cyfeiriad.

'Y trapîs nesa,' meddai Lola. 'Wyt ti'n gweld y llinell goch ar draws y trac? Gwasga fotwm y pawennau a'r botwm "eistedd i fyny" pan fydd trwyn Llew'n cyrraedd y llinell.'

'O!' Roedd Gwilym wedi oedi eiliad yn ormod. Erbyn iddo wasgu'r botymau, roedd Llew wedi pasio'r trapîs.

'Dim ots!' galwodd Lola. 'Tria eto.'

Y tro nesa roedd Gwilym yn barod amdani. Fe arafodd e'r robot a gwasgu'r ddau fotwm gyda'i gilydd.

'Hwrê!' meddai Lola wrth i Llew godi yn y man cywir a bachu'i bawennau ar y trapîs.

'O, be dwi'n wneud nawr?' gwaeddodd Gwilym. Roedd y robot yn hongian yn llipa. 'Sut ydw i'n cael Llew i swingio?'

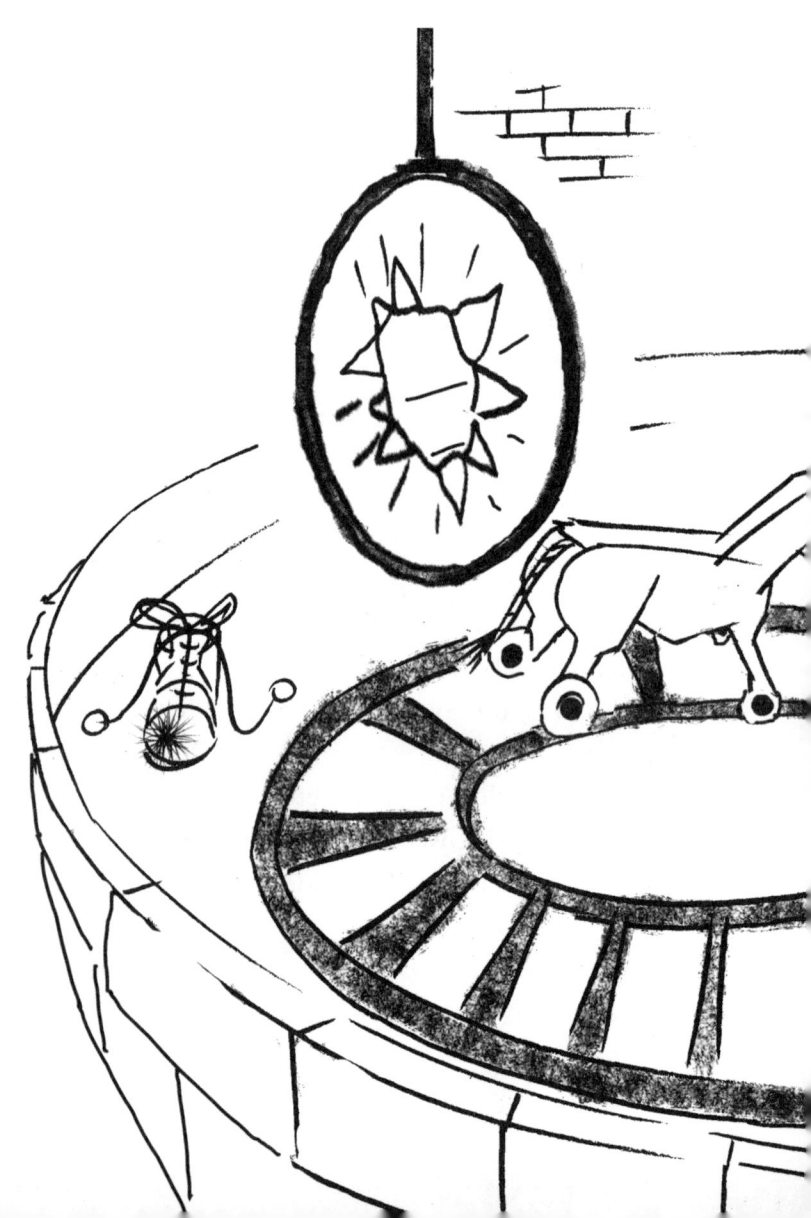

Daeth Tony i'w helpu. Dangosodd e i Gwilym sut i symud y switsys yn ôl ac ymlaen fel bod Llew'n siglo o un ochr i'r llall ac yna'n chwyrlïo dros y trapîs ac yn disgyn i'r trac.

'Whiw!' meddai Gwilym. 'Ga i wneud hynna eto?'

'Cei siŵr.'

Camodd y dynion a Lola'n ôl a theimlodd Gwilym ryw gyffro rhyfedd yn ei freichiau wrth i Llew ruthro at y trapîs. Trawodd y botymau, neidiodd Llew, swingio'n ôl ac ymlaen, chwyrlïo a disgyn ar y trac.

'Hwrê!' gwaeddodd pawb ond Gwilym.

Roedd Gwilym yn dal i ganolbwyntio. Gyrrodd e Llew'n ôl at y trapîs am yr ail dro, y trydydd, y pedwerydd.

Roedd e'n mynd am y pumed pan ddisgynnodd braich Lola ar ei ysgwydd.

'Dere i ni gael egwyl fach,' meddai Lola.

'Ooooo!' Doedd Gwilym ddim eisiau stopio.

'Dere,' meddai Lola gyda gwên. 'Neu fe fyddi di wedi blino'n swp. Rwyt ti wedi bod wrthi ers tri chwarter awr.'

Gwasgodd Gwilym y swits a gadael i'r robot ddisgyn yn ôl yn dawel ar y trac. Trodd a gwenu ar bawb.

'Roedd hynna'n grêt,' meddai.

'Roeddet *ti*'n grêt,' meddai Ron. 'Dwi erioed wedi gweld neb yn dysgu mor gyflym.'

'Ond dwi ddim wedi dysgu digon eto,' meddai Gwilym yn frysiog. 'Dwi eisiau gwneud rhagor o ymarfer.'

'Wyt, wrth gwrs,' meddai Lola, 'ond mae gyda ti

ddiwrnod cyfan o dy flaen. Dewch i ni i gyd fynd i lawr i'r caffi i gael paned. Iawn, fechgyn?'

'Syniad da,' meddai Tony.

Tynnodd Lola allwedd o'i phoced. Ar ôl i bawb fynd allan fe gloiodd y drws. Roedd dyn mewn iwnifform las yn eistedd wrth y drws, yn gwarchod y neuadd fowlio. Ym mhob coridor roedd dynion mewn iwnifform yn cadw llygad ac yn siarad ar eu ffonau.

'Bydd llawer o bethau gwerthfawr yn cael eu harddangos yma fory,' meddai Lola. 'Felly mae'n bwysig ein bod ni'n eu cadw nhw'n ddiogel.'

Roedd rhai arddangosfeydd yn cyrraedd yn barod ac roedd y Ganolfan Hamdden yn llawn bwrlwm. Drwy'r drws ffrynt gwelodd Gwilym awyren yn cyrraedd ar drêlyr enfawr.

'Dyna ddyfais ardderchog!' meddai llais Ron yn ei glust.

'Ie,' meddai Gwilym.

Ond doedd Ron ddim yn cyfeirio at yr awyren. Roedd e'n pwyntio at rywbeth oedd yn cael ei gario'n ofalus at fwrdd mawr yng nghanol y brif neuadd.

Trodd Gwilym at ei dri ffrind a'u gweld yn gwenu o glust i glust. Yna winciodd Lola arno, gafael yn ei law a'i dynnu at y bwrdd.

Ar y bwrdd, ar focs pren wedi'i beintio'n aur, roedd darn o soffa gydag olwynion ar bob pen a bachau a drysau bach drosto i gyd. Yn ei ymyl roedd set o gynlluniau, llun o gath ddu a gwyn yn cael hwyl, a cherdyn mawr gyda'r geiriau hyn arno:

**CYSTADLEUAETH TECHNO-TEG
ENILLYDD**

Y PWS-SOFFA
gan
GWILYM PUW

Gwenodd Gwilym yn swil, ond roedd e'n teimlo awydd neidio ar ben y ford a chwythu trwmped fel Tristan: Tw-twtl-ŵ!

Pennod 9

Dyna'r diwrnod gorau roedd Gwilym erioed wedi'i gael – hyd yn hyn.

Pan gamodd allan o'r Ganolfan Hamdden am bedwar o'r gloch y prynhawn hwnnw roedd ei ben yn llawn o robotiaid a'i fysedd yn dal i ddawnsio. Doedd dim rhyfedd ei fod e wedi taro'n glatsh yn erbyn Sioned Betts.

'Y? O, ti sy 'na,' meddai Sioned.

'Edrych i ble wyt ti'n mynd!' meddai Gwilym, er mai arno fe oedd y bai. Syllodd arni â'i lygaid yn gul. 'Beth wyt ti'n wneud yn sefyllian wrth y drws ta beth? Dyw'r Ffair ddim wedi agor eto.'

'Dwi'n gwylio'r corynnod a'r nadroedd a'r piranhas yn cyrraedd y Ffair,' meddai Sioned gan blethu'i breichiau. 'Os byddan nhw'n cael eu cam-drin, bydda i'n riportio pobl y Ffair i'r RSPCA.'

'Fyddan nhw ddim yn cael eu cam-drin, siŵr,' meddai Gwilym. 'Paid â bod mor ddwl. Ffair Wyddoniaeth yw hon, nid ffair hwyl.'

Cododd Sioned ei thrwyn. Pan ddaeth y ffair hwyl i'r parc yn yr haf, roedd Sioned wedi riportio un o'r stondinwyr am fethu â chysgodi ei bysgod aur rhag yr haul. All pysgod ddim cau eu llygaid, meddai Sioned, felly roedd yr haul yn eu brifo.

'Mae rhai pobl yn meddwl bod tarantwlas a phiranhas yn bethau iychi, ac felly does dim ots os cân' nhw'u cam-drin,' meddai. 'Ond mae gyda nhw deimladau fel pawb arall. Dyna pam mae'n bwysig cadw llygad ar bethau a bod yn barod i helpu.' Pwyntiodd at y ffôn yn ei phoced. Roedd hi bob amser yn cario'r ffôn rhag ofn y byddai angen iddi alw'r RSPCA.

Ochneidiodd Gwilym a cherdded i ffwrdd. Merch od iawn oedd Sioned. Doedd ryfedd ei bod hi'n hoffi pethau fel tarantwlas a phiranhas.

Tybed a oedd Dad wedi gweld tarantwla neu biranha? meddyliodd. Digon posib, achos roedd llong Dad yn teithio dros y byd i helpu i warchod pobl.

Wrth feddwl am ei dad, croesodd Gwilym yr heol tuag at y lôn gefn a rhedeg yr holl ffordd adre.

Ar ôl cyrraedd y tŷ aeth yn syth i'r llofft a thanio'r cyfrifiadur.

'Sut hwyl gest ti?' galwodd Mam lan y stâr.

'Ddweda i wrthoch chi nawr,' meddai Gwilym. Doedd hi ddim yn deg fod Dad yn clywed y newyddion ymhell ar ôl pawb arall, felly roedd e am ddweud yr hanes wrth Mam a Dad yn union yr un pryd. Wel, bron iawn.

Teipiodd ei neges e-bost a'i darllen yn uchel er mwyn i Mam gael clywed.

Newyddion grrrrrrêt!
Mae Llew Llawen yn WYCH!
Mae e'n gwibio. Mae e'n troi. Mae e'n gallu gwneud triciau syrcas. Wir! Mae Lola a'i thîm wedi adeiladu cylch syrcas yn y neuadd fowlio. Mae Llew'n gallu sboncio ar y trampolîn, swingio ar drapîs, neidio drwy gylch papur, reidio ceffyl pren a gwasgu dŵr o esgid clown! Dwi wedi bod yn ei reoli fe drwy'r dydd a fory bydda i'n rhoi sioe syrcas o flaen cynulleidfa. Bydd y plant yn gorfod eistedd ar y llawr, ond mae cadeiriau ar gyfer Mam a Mr Williams a rhai pobl hŷn.
Alla i ddim aros!
Hwwwwwwyl (ac olew i dy long di!!)
Gwil xxxxxx
O.N. Wyt ti wedi gweld piranhas erioed?'

Pennod 10

Pan ganodd y ffôn ar ôl swper y noson honno, roedd Gwilym yn meddwl mai Dad oedd yno – Dad yn ei ffonio i ddweud 'Pob lwc!'

Ond crychodd ei drwyn pan glywodd e'r llais swta ar y lein.

'Gwil?'

'Sioned, be ti'n moyn?'

'Dere lawr i'r Ganolfan Hamdden. Nawr.'

'Na!'

'Dere. Mae'n bwysig.'

'Na! Dwi wedi bod yno drwy'r dydd.'

'Wela i di wrth ddrws ffrynt y Ganolfan mewn pum munud,' meddai Sioned.

Clic! Syllodd Gwilym yn gas ar y ffôn. Doedd e ddim yn bwriadu rhedeg i'r Ganolfan i blesio Sioned Betts. Ac eto . . . Tybed a oedd hi wedi gweld rhywbeth gwirioneddol bwysig? Rhyw ddyfeisiwr enwog, falle? Rhyw ddyfais a fyddai o ddiddordeb arbennig iddo fe, Gwilym Puw? Falle 'i bod hi'n trio bod yn garedig tuag ato ar ôl gwneud y fath lanast yn y sied.

'Mam!' galwodd Gwilym. 'Dwi'n mynd i'r Ganolfan am bum munud, ocê?'

'Ond, Gwil,' protestiodd Mam. 'Rhaid i ti baratoi ar gyfer fory.'

'Dim ond pum munud,' meddai Gwil gan wenu mor annwyl ar ei fam nes iddi gytuno.

Roedd hi wedi dechrau nosi. Wrth i Gwilym frysio ar hyd yr hewl fawr gallai weld y goleuadau y tu allan i'r Ganolfan Hamdden a chlywed y sŵn. Roedd faniau a lorïau'n chwyrnu, lleisiau'n gweiddi a phobl yn stryffaglio i gario bocsys i mewn i'r neuadd.

Bîp Bîp! Neidiodd Gwilym o'r ffordd wrth i fan fawr fynd heibio gyda llun astronot ar ei hochr. Roedd e mor brysur yn edrych arni, wnaeth e ddim sylwi ar Sioned yn dod tuag ato. Pan gydiodd dwy law yn ei fraich, fe neidiodd mcwn sioc.

'Dere gyda fi!' sibrydodd Sioned drwy'i dannedd.

'I ble?'

'I gefn yr adeilad.'

'I'r cefn? Beth wyt ti wedi'i weld?'

Ddwedodd Sioned 'run gair, dim ond martsio i ffwrdd. Dilynodd Gwilym yn dynn wrth ei sodlau.

Doedd neb yng nghefn yr adeilad. Disgynnai'r golau o'r ffenestri ar y rhimyn cul o borfa rhwng y Ganolfan a'r clawdd. Allai Gwilym ddim gweld drwy'r ffenestri gan eu bod nhw'n rhy uchel. Dechreuodd ei galon suddo. Pam oedd Sioned wedi dod ag e yma? Gobeithio nad oedd hi wedi gweld rhyw darantwla'n cael ei gam-drin. Doedd Gwilym ddim yn hoff iawn o gorynnod. Ych! Roedd gan Sioned fag yn hongian dros ei hysgwydd a rhywbeth sgwâr yn clecian y tu mewn iddo. Beth oedd y peth sgwâr? Bocs i ddal tarantwla? Wel, doedd e ddim yn mynd i achub unrhyw gorryn mawr, roedd hynny'n sicr.

'Sioned . . .'

'Sh!' Gwasgodd Sioned ei bys ar ei gwefus a thynnu Gwilym o dan gysgod coeden fedwen. Nodiodd at ffenestri'r Ganolfan Hamdden. 'Edrych,' meddai.

Edrychodd Gwilym. Disgleiriai golau llachar drwy'r ffenestri mawr ar y llawr. Doedd dim i'w weld ond cysgodion prysur. Safodd ar flaenau'i draed.

'Edrych LAN!' hisiodd Sioned.

Sylwodd Gwilym ei bod hi'n pwyntio tuag at y llawr cyntaf. Edrychodd i fyny, ac ar unwaith dyma'i galon yn rhoi naid.

Drwy lenni'r llawr ucha yn union uwch eu pennau gallai weld cysgod person. Roedd y cysgod yn anelu sgriwdreifer at fol creadur bach diniwed. Nawr roedd e'n deall pam oedd Sioned wedi cael y fath fraw nos Fercher ac wedi rhuthro i mewn i'w sied.

'Dwi ddim eisiau gwneud yr un camgymeriad eto,' meddai Sioned yn swta. 'Ond beth yw'r creadur 'na sy'n gorwedd ar y ddesg?'

'Llew Llawen!' Daeth Gwilym dros ei sioc a rhoi chwerthiniad bach gwichlyd.

'Llew . . ?'

'Robot! Robot o'r enw Llew Llawen.'

'Wyt ti'n siŵr nad creadur go iawn yw e?'

'Ydw!' snwffiodd Gwilym.

'Ond mae e'n edrych fel ci. Ac mae e'n symud!'

'Robot llew yw e,' meddai Gwilym. 'Mae gyda fe fwng blewog. Hwnnw sy'n symud. Dwi wedi bod yn rheoli'r robot 'na drwy'r prynhawn.'

'Ond beth am y cysgod â'r sgriwdreifer?'

'Lola Harris yw'r cysgod â'r sgriwdreifer. Mae hi'n twtio Llew ar gyfer fory, siŵr o fod.'

'Waw! Dr Lola Harris.' Anghofiodd Sioned am anifeiliaid yn cael eu cam-drin ac ymbalfalodd yn ei bag. Tynnodd allan – nid bocs i ddal tarantwla – ond camera digidol. Roedd hi'n ffan fawr o Lola Harris. Anelodd y camera at y ffenest, tynnu dau lun a throi at Gwilym gyda gwên fawr ar ei hwyneb.

Diflannodd y wên. Roedd Gwilym wedi plethu'i freichiau ac yn edrych arni'n llym.

'Rwyt ti'n ddwl bost!' meddai Gwilym. 'Dyna'r ail dro mewn dau ddiwrnod i ti wneud ffws a ffwdan am ddim byd. Mae'n bryd i ti dyfu i fyny.'

'Hm!' Cododd Sioned ei thrwyn, gwthio'r camera i'w bag a throi am adre.

Dilynodd Gwilym hi o hirbell. Roedd Sioned yn creu helynt byth a hefyd. Roedd hi'n beryglus. Roedd hi'n beryglus IAWN, meddyliodd. Oedd, wir. Haws neidio i mewn i danc o biranhas na mynd yn agos at Sioned Betts!

Pennod 11

'Piranhas!'

Roedd hi'n ddydd Sadwrn a'r haul yn disgleirio ar ynys fechan yn y Môr Tawel. Gwibiai'r pelydrau ar hyd y roced lachar a safai'n osgeiddig ar ganol yr ynys. Ar long oedd wedi angori gerllaw roedd Meirion Puw'n syllu ar linell ola neges e-bost Gwilym, ei fab.

'O.N. Wyt ti wedi gweld piranhas erioed?'

'Pam mae Gwilym yn sôn am biranhas?' sibrydodd o dan ei wynt cyn rhedeg i ddangos y neges i'w gapten.

Aeth wyneb y capten yn wyn a gwthiodd ei frecwast o'r neilltu.

'Ffonia adre ar unwaith,' meddai'n swta.

Edrychodd Meirion Puw ar ei wats. Faint o'r gloch oedd hi adre yng Nghymru? Tua naw ar nos Wener. Cyn pen dwy funud roedd y ffôn yn canu yn nhŷ Gwilym.

Gwilym atebodd.

'Haia, Dad!' meddai'n hapus.

'Newydd gael dy e-bost di, Gwil,' meddai Dad gan wneud ei orau i gadw'i lais rhag crynu. 'Hei, pam oeddet ti'n gofyn am y piranhas?'

'Achos mae piranhas yn dod i'r Ffair Wyddoniaeth,' meddai Gwilym. 'A nadroedd a tharantwlas a . . .'

Torrodd Dad ar ei draws. 'Wel, cadwa di draw,' meddai. 'Mae dannedd miniog iawn gan y piranhas.'

'O, Dad!' Chwarddodd Gwilym yn llon. 'Maen nhw'n ddigon diogel. Maen nhw mewn tanc.'

'Jyst bydda'n ofalus,' meddai Dad gan roi'r ffôn i lawr.

Gwrandawodd Gwilym ar y ffôn yn canu grwndi. Beth oedd yn bod ar Dad? Doedd e ddim wedi dweud 'Pob lwc!' hyd yn oed. Edrychodd ar ei wats. Faint o'r gloch oedd hi ble bynnag oedd Dad? Roedd hi'n gynnar yn y bore, siŵr o fod, a Dad yn hanner cysgu. Gwenodd Gwilym a sboncio i'r llofft.

Cyn bo hir roedd e yn ei wely ac yn cysgu'n sownd.

Tra oedd Gwilym yn cysgu, roedd capten llong ei dad yn ffonio'r Prif Weinidog yn Llundain.

Ffoniodd y Prif Weinidog Lola Harris yn ei gwesty.

Y noson honno wnaeth Lola Harris ddim cysgu chwinc, dim ond gorwedd yn ei gwely a meddwl am roced hardd ar ynys fechan yn y Môr Tawel.

Pennod 12

Fore trannoeth, cyrhaeddodd Gwilym y Ffair Wyddoniaeth gyda gweddill ei ddosbarth yn fuan wedi hanner awr wedi naw. Wrth gerdded i mewn i'r neuadd fawr, pwy welodd e'n sefyll yn ymyl y tanc piranhas ond Lola. Roedd hi'n gwylio'r piranhas yn cnoi darn o gig, a'u dannedd bach miniog yn fflachio'n greulon.

'Haia!' galwodd Gwilym.

'O, h . . . helô,' meddai Lola gan syllu arno a'i llygaid yn fawr ac yn ofnus.

'Oes ofn y piranhas arnoch chi?' meddai Gwilym yn syn.

'Na, na.' Gwenodd Lola'n grynedig. 'Does dim ofn y piranhas yma arna i.'

'Oes yna fath arall o biranhas 'te?' gofynnodd Gwilym.

Ysgydwodd Lola'i phen.

'Wela i di mewn dwy awr, Gwil bach,' meddai. A dyma hi'n anelu at y swyddfa ym mhen pella'r neuadd gyda dau ddyn mewn iwnifform yn dilyn yn dynn wrth ei sodlau.

Teimlodd Gwilym rhyw gryndod rhyfedd yn ei fol. Oedd rhywbeth o'i le? Pam oedd Lola – a Dad – yn poeni cymaint am biranhas?

Teimlodd Gwilym blwc sydyn ar ei fraich. Roedd James ei ffrind yn gwenu arno. Roedd y dosbarth i gyd yn gwenu ac yn pwnio'r awyr.

'B . . . Be yn y byd sy'n bod?' gofynnodd Gwilym yn ddryslyd.

'Hei, dwyt ti ddim yn gwrando, wyt ti?' chwarddodd James. 'Mae Mr Williams newydd ddweud ein bod ni'n mynd at yr awyren!'

'O.' Syllodd Gwilym ar wynebau cyffrous ei ffrindiau. Ychydig funudau'n ôl roedd e hefyd yn teimlo'n gyffrous. Ond nawr . . .

'Oes ots gyda chi os a' i i anfon neges e-bost at Dad yn gynta?' gofynnodd yn sydyn i Mr Williams.

Edrychodd James arno'n syn, ond gwenodd y Prifathro'n garedig. Doedd dim rhyfedd fod Gwilym eisiau anfon neges i'w dad ar ddiwrnod mor bwysig â heddiw.

'Popeth yn iawn,' meddai Mr Williams. 'Cer di.'

Tra oedd gweddill y dosbarth yn mynd allan i'r maes parcio, brysiodd Gwilym at y rhes o gyfrifiaduron yng nghornel y neuadd. Drwy lwc, gan fod cymaint o bethau i'w gweld yn y ffair, roedd y sedd o flaen un cyfrifiadur yn wag. Eisteddodd Gwilym arni a dechrau gwasgu'r allweddau ar ras.

63

Dad! Pam wnest ti ofyn i fi am biranhas? Ateb ar unwaith, os galli di. G.

Daeth y dyn oedd yng ngofal y cyfrifiaduron draw ato. Am bum munud roedd raid i Gwilym esgus dangos diddordeb mewn rhyw gêm fathemategol. O'r diwedd symudodd y dyn at y cyfrifiadur nesa ac agorodd Gwilym ei *hotmail* ar ras. Roedd ei dad wedi ateb. Darllenodd e'r neges a'i galon yn ei wddw.

Gwil. Mae sôn bod grŵp o'r enw Piranhas yn mynd i rwystro lansiad Madog y roced. Ond paid â phoeni. Paid â phoeni o gwbl! Mae digon o filwyr yma'n gofalu amdani. Pob lwc y prynhawn 'ma.
Dad XXXX

Dilëodd Gwilym y neges a chodi ar ei draed. Doedd ryfedd fod Lola'n edrych mor ofidus. Roedd hi'n poeni am ei roced ac am y robot arbennig oedd ynddi. Druan â hi!

Wel, roedd e, Gwilym Puw, am godi'i chalon drwy ei sicrhau fod y roced yn berffaith ddiogel. Aeth e draw i'r swyddfa i edrych amdani.

Roedd dyn mewn iwnifform yn gwarchod y drws. 'Mae Dr Harris yn brysur,' meddai'r dyn.

'Pwy sy 'na?' Edrychodd Lola drwy gil y drws. 'O, ti sy 'na, Gwilym,' meddai'n frysiog. 'Rwyt ti eisiau ymarfer, wyt ti? Wel, cer lan i'r neuadd fowlio. Fe ddo i ar dy ôl di cyn gynted ag y galla i.'

Caeodd y drws cyn i Gwilym gael cyfle i ddweud ei neges. Doedd e ddim wedi bwriadu ymarfer, dim ond siarad â Lola ac yna rhuthro'n ôl at ei ffrindiau yn yr awyren. Wrth iddo oedi dwedodd y gwarchodwr, 'Lan â ti nawr. Mae Dr Harris yn brysur.' Felly doedd dim amdani ond anelu am y neuadd fowlio gyda'r gwarchodwr yn gwylio pob cam.

Wrth ddrws y neuadd fowlio eisteddai gwarchodwr arall.

'Ga i fynd i mewn, os gwelwch chi'n dda?' gofynnodd Gwilym iddo.

'Mae 'na Robo-syrcas fan hyn am ddeuddeg o'r gloch,' atebodd y dyn. 'Bydd y drws wedi'i gloi tan chwarter awr cyn hynny. Dwedodd Lola wrtha i am beidio â gadael neb i mewn, pan adawodd hi'r Ganolfan brynhawn ddoe.'

'Hi sy newydd ddweud wrtha i am ddod yma,' meddai Gwilym. 'Gwilym Puw ydw i.'

'Aros funud 'te.' Tynnodd y dyn ffôn o'i boced a deialu.

Atebwyd y ffôn ar unwaith.

'Helô. Lola Harris,' meddai'r llais.

'Mae Gwilym Puw fan hyn. Mae e . . .'

'Popeth yn iawn.' Torrodd Lola ar draws y dyn.

'Gadewch iddo fynd i mewn i'r stafell, ond gofalwch gloi'r drws ar ei ôl. Fydda i ddim yn hir.'

Cododd y gwarchodwr ei fawd ar Gwilym, yna estyn am ei allwedd ac agor y drws.

Camodd Gwilym i mewn i'r stafell wag a chlowyd y drws ar ei ôl.

Am funud safodd Gwilym yn llonydd a syllu ar yr olygfa o'i flaen.

Disgleiriai'r haul drwy'r ffenest agored gan oleuo'r cylch syrcas â golau llachar. Yn ymyl y cylch, yn barod i berfformio, safai Llew Llawen gyda golau'r haul yn tasgu o'i gorff metel sgleiniog. Edrychai fel creadur byw, yn llawn cryfder ac egni. Ond Gwilym Puw fyddai'n rheoli'r cryfder a'r egni hwnnw.

Anadlodd Gwilym yn ddwfn ac ystwytho'i fysedd. Na, doedd e ddim wedi bwriadu ymarfer – Lola oedd wedi camddeall – ond nawr allai e ddim peidio. Cerddodd at y robot, ei godi a'i roi ar y llawr yn ymyl y trampolîn, yna camodd yn ôl a chydio yn y bocs rheoli.

Anadlodd Gwilym yn ddwfn unwaith eto, ond doedd e ddim yn teimlo'n nerfus. Roedd e'n mynd i roi sioe wych er mwyn codi calon Lola Harris a dangos ei bod hi'n robotiwr heb ei hail. Roedd e'n benderfynol o wneud ei orau drosti. Roedd e'n hyderus. Roedd ei fysedd yn barod i wasgu'r botymau yn y drefn gywir – y swits 'Mynd' yn gyntaf, ac yna'r botwm fyddai'n gwneud i Llew sboncio lan ar y trampolîn. Dychmygodd wynebau'i ffrindiau'n disgleirio. Dychmygodd nhw'n curo dwylo ac yn gweiddi 'Hwrê!' – yna gwasgodd y swits a tharo'r botwm.

CLEC!

Safodd Llew yn ei unfan. Trodd at Gwilym, agor ei geg led y pen a dangos dwy res o ddannedd disglair.

Aeth ias oer i lawr cefn Gwilym. Roedd e wedi methu'r botwm cywir! Ar ras gwasgodd y botwm sboncio. Ond yn lle neidio ar y trampolîn agorodd y robot ei geg unwaith eto a rhuthro'n syth tuag ato.

Gyda bloedd o fraw gwasgodd Gwilym y botwm 'Stop'.

Wnaeth y robot ddim stopio. Neidiodd i'r awyr. Neidiodd yn grwn dros wal y cylch a saethu tuag at Gwilym fel pelen o gatapwlt.

Plygodd Gwilym ei ben a hedfanodd y robot drosto.

Mewn panig gwasgodd Gwilym un botwm ar ôl y llall. Doedd dim un yn gweithio! Rhaid bod Lola wedi drysu'r weiars y noson cynt. Rhedodd at y drws. Rhaid iddo alw Lola ar unwaith a dweud wrthi beth oedd wedi digwydd.

Cydiodd ym mwlyn y drws, ond roedd y drws yng nghlo. SNAP! Cyn iddo gael cyfle i alw am help, roedd dannedd Llew wedi cau am ei drênyr chwith.

Llithrodd Gwilym i'r llawr a chicio'n wyllt. Sgrialodd Llew tuag yn ôl.

'AAAA!'

Roedd darn mawr o'i drênyr yn sownd yng ngheg y robot! Gwelodd ddiferyn o waed yn rhedeg i lawr ei goes. Nid dannedd rwber oedd gan Llew nawr! Roedd ganddo ddannedd metel ac roedd e'n ymosod. Rholiodd Gwilym o'i ffordd a stryffaglio ar ei draed gyda Llew'n dal i daranu ar ei ôl.

Ei unig obaith oedd anelu am y bwrdd o dan y ffenest agored. Gallai ddringo ar ei ben. Gallai ddringo drwy'r ffenest os oedd raid. Ond roedd Llew'n ei ymlid. Roedd e fel ci defaid, yn trio'i gornelu. Neidiodd Gwilym i mewn i'r cylch syrcas i drio dianc, ond ar unwaith fe glywodd sŵn erchyll – BOING! Roedd Llew wedi glanio ar y trampolîn ac yn neidio tuag ato a'i geg ar agor led y pen.

'AAAA!'

Hyrddiodd Gwilym y bocs rheoli i'w geg.

CRENSH!

Mewn chwinc roedd y bocs wedi'i falu'n ddarnau! Gafaelodd Gwilym yn un o'r blociau pren yn wal y cylch a'i daflu â'i holl nerth at Llew.

RRRRRR! CLEC!

Glaniodd y robot ar ei gefn ar y llawr a'i ddannedd yn rhincian. Cyn iddo gael cyfle i godi, gollyngodd Gwilym y blocyn ar ei ben.

Roedd darnau o fetel yn tasgu i bob man pan agorodd drws y neuadd.

Clywodd Gwilym sŵn traed yn rhedeg ar draws y stafell a gwelodd gysgod Lola ar y llawr wrth ei draed.

'Gwilym!' sgrechiodd Lola, gan syllu ar gorff llonydd Llew Llawen a'i hwyneb yn wyn fel y galchen.

Pennod 13

Dihangodd Gwilym o'r stafell cyn i Lola gael ei gwynt ati. Rhedodd i lawr y stâr a'i drênyr chwith yn fflapian. Rhedodd allan o'r Ganolfan Hamdden ac anelu nerth ei draed am yr awyren oedd yn sefyll ar y cae chwarae.

'Hei! Gan bwyll!' gwaeddodd un o'r gwarchodwyr wrth i Gwilym ruthro heibio.

'Gwilym!' meddai Mr Williams yn syn.

Roedd Blwyddyn 6 yn cael hwyl mas draw. Roedden nhw i gyd yn syllu ar y sgrin yng nghaban yr awyren. Sioned oedd yn sedd y peilot ac roedd hi'n dysgu sut i lanio mewn maes awyr.

'Sioned!' galwodd Gwilym.

'Shhhhh!' gwaeddodd pawb.

Edrychodd Gwilym o'i gwmpas a gweld bag Sioned yn gorwedd ar y llawr.

'Sioned, dwi'n benthyg dy gamera di!' galwodd. Tynnodd y camera o'r bag a dianc.

Rhedodd i lawr grisiau'r awyren ac anelu am y Ganolfan Hamdden. Yn nrws y Ganolfan safai Dr Lola Harris a'i llygaid wedi'u hoelio arno.

Arafodd Gwilym a cherdded tuag ati'n benderfynol.

Nid arno fe oedd y bai fod Llew wedi mynd yn lloerig. O, na.

Allai Lola mo'i feio e.

Diolch byth fod Sioned wedi tynnu llun neithiwr. Roedd y llun yn y camera'n brawf.

Ychydig dros awr yn ddiweddarach roedd Gwilym yn camu i mewn i'r neuadd fowlio unwaith eto. Yn eistedd o gwmpas y cylch syrcas roedd Blwyddyn 6 a phlant o ysgolion eraill. Curodd pawb eu dwylo'n eiddgar.

Ar y cadeiriau y tu ôl iddyn nhw eisteddai'r athrawon ac yn eu hymyl Mam, Tristan, Daniel, a Tony a Ron. Cafodd Mam y sioc ryfedda pan welodd hi Gwilym yn dod drwy'r drws. Beth yn y byd oedd am ei droed chwith? Rhyw hen drênyr â thwll ynddi! Roedd rhywun wedi trio trwsio'r twll â thâp du.

O! Suddodd Mam yn ôl i'w chadair. I feddwl ei bod wedi gadael i'w mab wisgo fel tramp. Ac ar ddiwrnod mor bwysig â heddiw! Rhag cywilydd iddi!

Ond anghofiodd Mam am y trênyr cyn pen chwinc. Roedd golwg fach od ar Gwilym druan. Tybed ai nerfus oedd e? Roedd ei geg yn rhimyn tyn, cul ac roedd e'n syllu ar y llawr yn lle edrych ar y gynulleidfa. Dechreuodd ei bol gorddi.

Roedd e'n corddi'n waeth fyth pan gamodd Lola

ymlaen â dweud, 'Mae'n bleser gen i gyflwyno Gwilym Puw, ein robotiwr ni heddiw, a Llew Llawen, y robot. Gwilym yw enillydd cystadleuaeth Techno-Teg ac mae ei ddyfais arbennig iawn – y Pws-soffa – i'w gweld yn y neuadd fawr.'

Curodd pawb eu dwylo a gwenu ar y robot del oedd yn eistedd yn dawel yn y cylch. Gwenodd y robot yn ôl arnyn nhw'n gyflym, ond chymerodd Gwilym ddim sylw. Roedd e'n sefyll fel delw. O, gobeithio nad yw e'n mynd i wneud cawl o bethau, meddyliodd Mam gan blethu'i dwylo'n dynn. O . . .

Ac yna fe wichiodd hi.

Roedd pawb arall yn gwichian hefyd, achos roedd Gwilym wedi taro'i fys ar fotwm ac yn sydyn roedd Llew Llawen wedi sboncio ar y trampolîn yn y Robosyrcas. Neidiodd y robot ar y trac ac yna gwibio rownd a rownd, arafu, troi a newid cyfeiriad.

'Oooo! Aaaa!' meddai pawb ac yna 'WwwwwwwAW!' wrth i Llew Llawen fachu yn y trapîs, swingio, disgyn yn ôl ar y trac a throi fel top. Disgynnodd cylch papur o'i flaen. Whiii! Neidiodd Llew Llawen drwyddo a glanio ar geffyl pren. Plannodd Llew ei ddannedd ym mwng y ceffyl ac yna sefyll ar ei ben ar ei gefn.

Roedd pennau'r gynulleidfa'n troi. Roedd eu llygaid yn disgleirio.

Roedd pawb wrth eu boddau, hyd yn oed Mam a Tristan. Roedd Mam wedi anghofio'i gofidiau i gyd ac roedd Tristan wedi anghofio tynnu wynebau ar ei frawd bach. Wrth weld Llew Llawen yn glanio ar esgid clown ac yn tasgu dŵr dros Gwilym, roedd pawb yn chwerthin dros y lle – pawb ond un.

Teimlodd Mam rywun yn symud yn ei hymyl ac edrychodd arno'n syn. Dyna beth od. Roedd un o'r gynulleidfa wedi cael digon ac yn anelu'n dawel bach am y drws. Pwy yn y byd fyddai eisiau gadael sioe mor wych?

Setlodd Mam yn ôl yn ei sedd a gwylio Llew'n neidio'n ôl ar y trapîs. Swingiodd e'n ôl ac ymlaen ac yna . . .

'Ooooo!' meddai'r gynulleidfa mewn braw.

Roedd rhywbeth wedi mynd o'i le! Roedd Llew wedi hedfan o ben y trapîs! Cydiodd Lola Harris yn y bocs rheoli a gwasgu botymau, ond dal i chwyrlïo drwy'r awyr wnaeth Llew. Clec! Disgynnodd ar ben y dyn oedd yn cripian at y drws.

'A!' Cwympodd y dyn i'r llawr a disgynnodd y sgarff oddi ar ei ben. 'Aaaa!' sgrechiodd. 'AAAA! Mae Llew wedi mynd yn lloerig!'

'Oooooo! Llew lloerig!' Crynodd y gynulleidfa a gwasgu'n dynn at ei gilydd. Roedd golwg ffyrnig iawn ar y robot. Roedd e wedi ymosod ar y dyn ar y llawr a hwnnw'n gwingo ac yn cicio mewn panig gwyllt.

'Help!' sgrechiodd. 'Help! Gwnewch rywbeth. Mae'r robot wedi gafael yn fy nhroed!'

Trodd pawb i edrych yn gyhuddgar ar Lola. Pam oedd hi wedi creu'r fath robot peryglus?

'O, gwnewch rywbeth, Dr Harris!' gwaeddodd Sioned. 'Achubwch y dyn druan 'na!'

'Mae e'n mynd i gnoi 'nhroed i i ffwrdd!' sgrechiodd y dyn eto.

Ond gwenu'n llym wnaeth Dr Lola Harris a gofyn yn uchel, 'Sut gall e gnoi dy droed di i ffwrdd? Dim ond dannedd rwber sy gyda fe.'

Dannedd rwber? Ymlaciodd y gynulleidfa a dechrau chwerthin. Rhaid bod hyn yn rhan o'r sioe. Ond dyma Lola Harris yn troi tuag atyn nhw. A doedd hi ddim yn chwerthin.

'Faint ohonoch chi sy wedi clywed am y roced Madog?' gofynnodd.

Cododd pawb eu dwylo ar unwaith.

'Pwy sy am i'r roced lwyddo?'

Cododd pawb eu dwylo unwaith eto.

'Mae'r dyddiau diwethaf yma wedi bod yn rhai pryderus iawn i fi ac i bawb fu'n gweithio ar Madog,' meddai Lola. 'Roedden ni wedi clywed fod grŵp o'r enw Y Piranhas eisiau difetha'n cynlluniau ni. Mae yna ddynion cyfoethog iawn yn Ne America sy eisiau anfon roced i Wranws o'n blaenau ni, a nhw oedd y tu ôl i'r grŵp.

'Wel, roedd llywodraethau gwledydd Ewrop wedi anfon llu o filwyr i'r Môr Tawel i warchod y roced, gan fod pawb yn meddwl y byddai'r Piranhas yn ymosod ar y roced ei hun. Ond na, roedd gan y Piranhas gynllun symlach o lawr. Roedden nhw'n mynd i ymosod arna i.'

'Oooo!' Daliodd y gynulleidfa'i gwynt.

'Roedd y cynllun yn syml, syml. Roedden nhw'n mynd i wneud ffŵl ohona i. Roedd un o'r giang wedi drysu weiars fy robot i. Roedd e wedi troi Llew Llawen yn Llew Lloerig. Roedd e wedi rhoi dannedd miniog fel piranha iddo. Petai Gwilym wedi gwasgu botymau'r robot hwnnw, byddai'r llew wedi mynd yn wallgo a brathu rhai ohonoch chi.'

'OOOOO!' gwaeddodd pawb.

'Yna – mwy na thebyg – byddai'r robot wedi rhedeg yn wyllt drwy'r Ffair Wyddoniaeth, wedi torri pethau gwerthfawr, wedi dryllio tanciau'r nadroedd gwenwynig, y piranhas, y tarantwlas . . .'

'O! Byddwn i wedi'u riportio nhw i'r RSPCA!' gwaeddodd Sioned. 'Gallai'r anifeiliaid gael eu brifo!'

'Gallen ni i gyd gael ein brathu a'n brifo'n ddrwg iawn,' meddai Lola. 'A byddai'r radio a'r teledu a phob papur newydd wedi adrodd yr hanes. Byddai pawb wedi clywed am robot lloerig Lola Harris. A byddai pawb yn dweud, "Beth os yw'r robot adeiladodd hi ar gyfer Madog yn lloerig hefyd? Gwell i ni stopio'r lansiad." Ond . . .' Trodd i edrych ar Gwilym.

Cochodd Gwilym hyd at fôn ei glustiau.

'Ond dwi'n falch o ddweud fod eu cynllun dieflig wedi methu,' meddai Lola. 'A wyddoch chi pam?'

Cododd Sioned ei llaw a'i chwifio. 'Ife achos Gwil Bril?' gofynnodd.

'Ie. Achos Gwil Bril.' Dododd Lola ei braich am ysgwydd Gwilym a'i wasgu'n dynn. 'Mae Gwilym yn fachgen cydwybodol. Bore 'ma, yn lle mynd gyda'i ffrindiau i fwynhau ei hun yn yr awyren, fe ddaeth e yma i ymarfer.'

Gwenodd Gwilym yn gam. Doedd e ddim wedi bwriadu ymarfer. Lwc oedd hynny. Roedd e wedi dweud wrth Lola mai lwc oedd y cyfan, ond wnâi hi ddim gwrando.

'Wrth ymarfer fe sylweddolodd Gwilym fod rhywbeth yn bod ar y robot – ac fe sylweddolodd pwy oedd yn gyfrifol.' Cododd Lola Harris amlen wen fawr oddi ar y llawr. Tynnodd lun allan ohoni a'i ddangos i'r gynulleidfa.

'O!' meddai pawb wrth edrych ar gysgod o berson yn sefyll o flaen ffenest gyda Llew Llawen yn gorwedd ar y ford o'i flaen.

'O! Y dyn 'na yw e!' gwaeddodd Sioned gan bwyntio at y dyn ar y llawr. 'Y dyn 'na â'r sgarff. Ond dwedodd Gwil . . .'

'Shhh!' meddai Gwilym o gornel ei geg – a thrwy lwc tawelodd Sioned.

Roedd hi'n wir fod Gwilym wedi meddwl y noson cynt mai Lola Harris oedd yn gweithio ar Llew

Llawen. Roedd e wedi dal i feddwl hynny nes iddo weld ei chysgod ar lawr y neuadd fowlio. Roedd y cysgod yn wahanol i'r cysgod ar y ffenest y noson cynt.

Nid cynffon o wallt oedd gan y person ymosododd ar Llew Lloerig, ond sgarff am ei ben. Ron Roberts oedd e. Rhaid bod Ron wedi gadael ffenest y neuadd fowlio ar agor y prynhawn hwnnw, wedi dringo i mewn fin nos, drysu weiars Llew Llawen a newid ei ddannedd rwber am ddannedd erchyll, miniog. Roedd Gwilym wedi dangos y llun i Lola fel prawf ac roedd y ddau wedi rhuthro'n ôl i westy Lola i nôl Llew Llawen 2 (Mae gan bob dyfeisiwr gwerth ei halen fwy nag un copi o'i ddyfais) ac i drefnu syrpréis i Ron Roberts a oedd yn aelod o giang y Piranhas.

'Rhag dy gywilydd di, Ron!' gwaeddodd Tony Tarango.

Daeth sŵn chwyrnu o geg Ron Roberts. Rhoddodd gic egr i Llew Llawen 2, neidio ar ei draed a hyrddio'r drws ar agor.

'Mae e'n dianc!' llefodd Lola.

Ond 'WE-HEI!' Gwibiodd rhywun fel mellten ar draws y stafell a thaflu'i hun am goesau Ron. Mewn chwinc roedd y dihiryn yn gorwedd yn ei hyd ar lawr gyda'i daclwr yn eistedd ar ei gefn.

'O lwc-us!' bloeddiodd Tony.

Ond cododd Gwilym ei fawd a wincio ar y taclwr.

Nid lwc oedd hi fod ei frawd wedi dal y dihiryn. Roedd Tristan yn chwaraewr rygbi penigamp, yn doedd?

Pennod 14

Ymhen pedair awr ar hugain roedd Gwilym yn eistedd mewn caban jet a oedd yn gwibio tua'r Môr Tawel. Roedd y peilot yn dangos iddo sut oedd gyrru'r awyren.

Ddeuddydd yn ddiweddarach roedd e, Mam, Tristan, Daniel a Sioned (roedd hi wedi cael dod am mai hi welodd y cysgod yn ymosod ar Llew Llawen) yn pwyso ar ganllaw llong yng nghwmni Dad a Lola Harris.

10 . . . 9 . . . 8 . . . 7 . . . 6 . . . 5 . . . 4 . . . 3 . . . 2 . . . 1 . . .

Teimlodd Gwilym y môr yn crynu a chododd ei law i gysgodi'i lygaid. O ynys fechan ar y gorwel roedd roced wen yn codi i'r awyr.

Diflannodd y roced i'r cymylau i sŵn bloedd: 'HWRÊ!' Ac ar y llong ar y Môr Tawel dyma bawb yn pwnio'r awyr gan wenu ar ei gilydd â'u llygaid yn llawn balchder.

Ac ymhell i ffwrdd yng Nghymru . . . dyma rywun arall yn pwnio . . . a rhywun arall yn gwenu.